JN411879

서울대 사용법 : 관악에서 세계로

서울대 사용법
: 관악에서 세계로

초판 1쇄 인쇄　2026년 2월 6일
초판 1쇄 발행　2026년 2월 20일

지은이　이재영
펴낸이　소재두
펴낸곳　논형
편　집　심재진

출판등록　제386-3200000251002003000019호　2003년 3월 5일
주 소　경기도 고양시 덕양구 꽃마을로 36, DMC스타비즈 6st, 708호
전자우편　jdso6313@naver.com　전화번호　02-887-3561
팩 스　02-887-6900　정　가　15,000원
ISBN　978-89-6357-021-1　03300

서울대 사용법

관악에서 세계로

이재영 지음

대한민국 대학은 어디로 가야 하는가?
묻지 않으면, 우리는 익숙함에 안주하게 된다.

논형

[머리말]

코로나19 팬데믹이 대학을 집어 삼켜 혼란스러울 때, 한 학생이 제게 물었습니다.

"교수님, 대학은 왜 아직도 필요한가요?"

그 질문을 들었을 때, 저는 말문이 막혔습니다. 너무 당연하다고 여겼던 대학의 존재가 누군가에게는 더는 당연하지 않다는 사실, 그것이 제게 작지 않은 충격이었고 쉽게 잊히지 않았습니다. 게다가 지금 우리는 '정상'이라고 여겼던 익숙한 세계가 빠르게 해체되는 반면 아직 새로운 질서는 뿌리 내리지 않은, 이른바 문명사적 전환의 격랑 한가운데에 서 있습니다. 기후 위기, 인구 절벽, 지역 소멸, 재난 사회 같은 난제도 마주하고 있습니다. 기술 주권 경쟁이 치열해지고 있고 AI 사회가 도래하였으며 지식의 형질이 전환되고 지식

생태계가 재구성되고 있습니다. 한 학생이 던진 질문은 대학의 안팎을 둘러싼 이러한 근본적 변이와 맞물리면서 저로 하여금 끊임없이 그 질문의 답을 찾아 고민하게 했습니다.

이 책에는 그 질문에 대해 틈틈이 내놓은 저의 답이 실려 있습니다. 코로나19 팬데믹이 잦아들 무렵인 2021년부터 저는 저의 답을 언론을 통해 세상에 내놓음으로써 시대와 함께 해답을 고민해보고자 했습니다. 기회가 닿는 대로 칼럼을 기고하였고 필요할 때면 인터뷰도 했습니다. 그 글들은 그때그때의 시의성을 감안하여 작성되었지만, 그 근저에는 그 학생이 던진 물음으로부터 비롯된 공통된 문제의식이 흐르고 있습니다. 바로 "대한민국의 대학은 어디에 있으며, 어디로 가야 하는가?"가 그것입니다. 묻지 않으면, 결국 우리는 익숙함에 안주하게 되고 변화와 발전은 요원해진다고 생각했습니다. 그래서 나름 치열하게 이 질문을 부여잡고 글을 썼습니다. 그리고 이렇게 한 권의 책으로 재구성하게 되었습니다.

그렇다고 제가 위의 질문들의 정답을 찾은 것은 아닙니다. 단지 대한민국 고등교육과 연구, 그중에서도 특히 대학이라는 제도, 공간, 조직의 미래에 대해 스스로 되묻고 답을 찾으려 애썼을 따름입니다. 때로는 과학기술 정책에서, 때로는 자율적 대입제도라는 구상에서, 때로는 서울대학과 지역대학의 미래 설계에서, 그리고 때로는 디지털-에너지-바이오 대전환 시대의 '스마트 휴먼 그리드 플랫폼'으로서의 대학이라는 비전속에서 답을 모색했고, 이 과정에서 질문도 다양하게 변주되었습니다.

칼럼의 제목은 제가 스스로에게 던졌던 다양한 질문의 답들입니다. '이공계 휴먼 리소스 고속도로를 깔자', '바이오 대전환에 앞장서자', '지방에 서울대급 국가중추대학 2~3곳 육성하자', '인문학자는 AI 세상을 꿈꾸면 안 될까?', '문명의 저울로서의 대학' 등은 그 중 일부입니다. 표면적으로는 과학기술 생태계 재구성, 대학 구조 개혁, 지역 균형 발전 등의 정책적 주제를 다루고 있지만, 그 이면에는 우리나라 대학이 단지 '학문을 전달하는 기관'이 아니라, '문명 전환기를 견인하고 선도하는 교육 연구의 거점'이 되어야 한다는 철학이 자리하고 있습니다.

한편으로 저는 글을 쓰면서 지식인으로서의 '나'에 대한 성찰도 함께 하고자 했습니다. '관계들의 총합으로서의 나', '대학이라는 공동체 속의 개인', '국립대 법인화 이후의 책임성' 등에 대한 성찰은 제가 행정적, 교육적 경험을 축적하며 얻게 된 내적 울림이기도 합니다. 서울대학교라는 공간에서 인문대학장, 기초교육원장, 학생처장, 교무부처장, 대학신문 부주간 등 다양한 직책을 맡으며 수많은 동료와 학생, 정책

결정자, 외부 전문가들을 만났고, 그 과정에서 대학이라는 공간이 얼마나 복잡하면서도 다채로운 가능성으로 충만한 생명체인지 실감할 수 있었습니다. 덕분에 '끊임없이 묻는 지식인'이 되고자 하고, '경청하는 대학인'으로 역할 하고자 하는 저의 길이 틀리지 않았음을 확신할 수 있었습니다.

이 책은 바로 그러한 저의 길을 걸어가는 과정에서 행한 작고 소박한 탐색들입니다. 어떤 대목에서는 현실적 제안이 중심이 되었고, 또 다른 대목에서는 다소 거친 상상력도 가미해보았습니다. 때로는 비판의 날을 벼려보았고, 때로는 위트를 빌려 에둘러 말하기도 했습니다. 하지만 어느 한 문장도 가볍게 던진 적은 없으며, 모든 글은 '더 나은 대학, 더 깊은 학문, 더 따뜻한 지성'을 향한 진심에서 비롯된 것입니다. 모쪼록 이 책이 대학의 미래를 함께 사유하고 상상하는 일종의 '지적 발화점'이 되기를 바래봅니다.

아울러 이 책이 다만 한 사람의 목소리에 그치는 것이 아닌, 더 많은 대학 구성원과 지식인들이 자기의 언어로 시대를 읽고 통찰하는 한 알의 밀알 같은 계기가 되기를 진심으로 소망합니다.

2026. 1.

이재영 올림

목차

제1부

서울대, 어디로 가야 하는가?

여러분! 넓은 세상을 둘러보십시오. 세계의 명문 대학에는 장구한 학문적 전통과 풍족한 재정, 그리고 첨단의 설비 속에서 학업에 정진하는 학생들이 있습니다. 또한 중국, 인도, 러시아 등에는 수억 명의 학생들로부터 선발되고 또 선발되는 과정을 거친 수재 중의 수재들이 있습니다. 이들이 모두 여러분과 경쟁하고 또 협력할 상대들입니다. 여러분이야 말로 의식과 시각을 바꾸어, 앞장서 나아가야 할 일꾼입니다. 세계사적 변화의 중심에 서서 앞날을 개척해 나가는 인재들이 이곳에서 나와야 할 때입니다.

– "총장 취임사", 서울대학교 第24대 총장 이장무, 2006년 8월 1일.

대한민국이 세계사의 주역으로 비상하느냐 아니면 변방으로 밀려나느냐 하는 이 절체절명의 역사적 갈림길에서, 서울대학교가 세계적 대학으로 다시 태어나야 한다는 요구는 이제 지엄한 시대적 소명입니다.

– "총장 취임사" 서울대학교 第25대 총장 오연천, 2010년 8월 2일.

무엇보다도 우리는 '대학 본연의 임무에 충실'해야 합니다. 대학은 교육과 더불어 연구의 장입니다. 서울대학교는 이제 세계 학술연구의 중심으로서 위상을 제고할 수 있는 기반을 확고히 해야 합니다. 세계 대학 리더(leader)로서의 정체성을 확립하고 새로운 지식 창조의 선도자가 되어야 합니다.

– "총장 취임사" 서울대학교 제26대 총장 성낙인, 2014년 8월 5일.

최근 우리 대학을 둘러싼 여건은 그리 호의적이지 않습니다. 많은 사람들이 서울대 위기론을 말하기도 합니다. 그 원인으로 여러 가지가 언급되지만, 저는 근본적으로 서울대가 본연의 역할을 하지 못했기 때문이라고 생각합니다. 시대와 국민이 요구하는 서울대의 사명을 제대로 파악하고, 이러한 기대에 부응하는 노력과 결과가 부족했던 것입니다. 외부 여건을 탓하기보다 우리 자신의 자성(自省)이 먼저 필요한 이유입니다.

– "총장 취임사", 서울대학교 제27대 총장 오세정, 2019년 2월 8일.

서울대학교를 "겨레의 대학, 국민의 대학"이라 칭하는 말의 무게를 되새겨 봅니다. 서울대학교는 대한민국 발전의 역사와 함께 해왔습니다. 산업화와 민주화의 현장에는 항상 서울대학교가 배출한 인재들의 탁월한 역량과 비전이 있었습니다. 국가를 견인하는 주도적 역할을 해왔기에 국민의 사랑을 받는 대학으로 자리 잡을 수 있었습니다.

– "총장 취임사", 서울대학교 제28대 총장 유홍림, 2023년 2월 8일.

서울대, '글로벌 중추대학'으로

관악 이전 50년 서울대의 자화상

2025년은 서울대가 종합대학의 면모를 갖추기 위해 관악으로 이전한 지 50주년이었다. 1975년 관악산 자락으로의 이주는 단순히 새롭고 넓은 장소로 캠퍼스를 옮기는 것만이 아니라, 명실상부한 종합대학으로의 도약을 위한 역사적 전환점이었다.

서울대는 1946년 10월 15일 국립대로 설립될 때, 문리대와 공과대학, 의과대학 등 10개 단과대학[전문학교]이 연합하여 출범했다. 이는 하루 빨리 독립 국가로서의 근간을 갖추고 국가를 재건하는 과업에 건설적으로 부응하기 위한 조처였다. 1975년 종합화의 기치를 내건 관악 캠퍼스로의 이전은 이러한 '46체제'에서 나아가 중진국의 기초를 다지고 국가 발전을 견인함으로써 선진국 진입의 터전을 놓기 위한 획기적인 시도였다. 그 결과 서울대는 양적으로나 질적으로 눈부시게 성장하였다.

다만 1946년 건립 당시의 유산과 단점에서 완전하게 벗어나지는 못했다. 종합화를 추구했지만 '46체제'처럼 전공과 학과의 세분화, 학과 간 장벽, 단과대 이기주의 등이 여전하다. 그 결과 4차 산업혁명, 디지털 문명 시대인 지금에도 지난 문명단계의 대학 구조를 고수하고 있다. 이는 21세기 문명의 대전환기에 부합하는 대학의 모습이라 말하기 어렵다.

관악 이전 50년 서울대, 글로벌 중추대학으로 재탄생해야

작년에 종합화 50주년을 맞은 서울대는 이런 구조적 문제를 근본적으로 극복해야 한다. 21세기 새로운 문명 시대에 맞는 혁신적인 대학 체제로 탈바꿈해야 한다.

서울대를 둘러싼 환경은 급박하게 변하고 있다. 기존의 가르치기teaching 중심의 교육 패러다임은 인공지능AI의 획기적 발전에 힘입어 학습하기learning 중심의 교육 패러다임으로 옮겨가고 있다. 디지털 문명의 가속화는 평생고등학습 시대를 가파르게 추동하고 있으며, 대학은 고등학교를 갓 졸업한 학생뿐 아니라 성인 학습자를 위한 교육기관으로 변모할 것을 요구받고 있다. 과학기술이 사회를 선도하는 추세에 부응하는 교육 체계도 설계해야 한다. 서울대와 지역대의 역할 분담을 통한 상생도 요구되고 있다. 지역대학의 국가중추대학으로의 견인을 지원하고, 서울대의 글로벌 중추대학으로의 성장을 일궈내야 한다. 서울대의 성장이 다른 대학들의 발전을 견인해 고등교육 생태계를 건강하게 하고 이 생태계가 다시 서울대의 발전 동력이 되는 선순환 구조를 만들어야 한다.

더 나아가 서울대는 새로운 문명 구조에 맞는 대학의 '역할 영토'를 만드는 데 선도적 역할을 담당해야 한다. 서울대는 물질문명과 정신문명의 균형을 잡는 문명의 중심축 역할을 하고, 한국의 대표 대학이라는 지위에만 안주할 것이 아니라, 글로벌 사회에서 기후변화와 세계 경제 양극화 해결, 평화로운 세계 구현, 휴머노이드와 인간의 공존 등의 과업에 적극적으로 공헌하는 글로벌 중추대학으로 나아가야 한다. 이런 목표를 실현하기 위해 서울대는 교육, 연구, 사회공헌 등 전 분야에서 세계적 수준의 기준과 목표를 새롭게 정립하고 이를 실천해야 한다. 외국 유수 대학을 단순히 모방하는 것이 아니라, 한국적 특성과 서울대 상황에 맞는 독창적 모델을 개발해야 한다. 그랬을 때 서울대의 존재가치는 높아지고 서울대의 정체성이 두드러질 것이다.

따라서 서울대 종합화 50주년은 단순한 기념이 아닌 새로운 출발점이 돼야 한다. 1946년 설립 때부터 지금까지 유지돼 온 '46체제'를 과감히 타파하고, 지역의 대학들과 연대하고 세계 대학과 연결해 새로운 고등교육 패러다임을 구축해야 한다. 인간의 가치를 존중하고, 인간 중심의 과학기술 발전 방향을 제시하며, 인간과 인간을 서로 잇는 연결망, 휴먼그리드가 돼야 한다. 서울대가 잘 돼야 국가와 인류가 발전

한다는 도전적 명제를 구성원뿐 아니라 국민에게 설득시키고 내재화할 시기가 바로 지금이다. 반세기 전의 관악 이전이 단과대 · 전문대학원의 물리적 통합 시도였다면, 종합화 50주년은 국가와 인류를 위한 교육, 연구, 사회공헌의 세계적 허브가 되는 글로벌 중추대학 탄생의 원년이 돼야 한다.

'국가중추대학 지역대'와
'글로벌중추대학 서울대'의 이중주

서울대인으로서 바라보는 '서울대 10개 만들기' 정책의 성공 여부는 지역대를 지역거점대학에서 국가중추대학으로 육성에 달려 있다고 사료된다. 이를 위해서는 무엇보다도 대학 역할에 대한 근본적 인식 전환이 필요하다.

세계 대학은 지금 근본부터 변하고 있다. AI의 혁명적 발전으로 대학이 AI 생태계에 편입되고 있다. 미국 미네르바대학은 학생들이 세계 도시를 순회하며 AI 기반 학습 플랫폼을 활용하여 비판적 사고와 토론 중심의 교육을 받게 하고 있다. 미국 혁신 대학 1위 애리조나주립대는 AI 기반 맞춤형 학습 시스템으로 학생들을 가르치고 있다. 하버드대와 MIT 등은 OpenAI와 함께 'NextGenAI' 컨소시엄을 결성해 학생 교육에 나서고 있다.

이러한 대학 혁신의 흐름에서 우리나라 대학은 한 발 더 앞서 나가야 하며, 서울대는 그 변화를 선도해야 한다. 서울대가 세계적 수준의 대학으로 도약하지 못한다면, '글로벌 최고 대학'이 아닌 서울대를 여러 곳에 복제하는 방식으로는 '지역 서울대' 구상의 설득력 있는 모델이 될 수 없기 때문이다. 현재 서울대는 2025년 QS[Quacquarelli Symonds] 세계 대학 순위에서 전년 대비 7단계 하락한 38위에 그쳤다. 글로벌 최고 대학은 고사하고 국내 위상과 비중도 하락했다. 법인화한 지 13년이 지났음에도 국립대 시절보다 재정의 정부 의존도가 심화되었고 자율성은 위축됐다. 서울대가 가장 먼저 혁신해야 하는 이유다. 그래야 지역 국립대들이 서울대를 모델로 '지역 서울대'를 만들 수 있다. 서울대는 새로운 문명 조건에 맞게 대학 역할의 패러다임을 전환하고, 글로벌 차원에서 수월성과 공공성을 추구하는 '글로벌 중추대학'의 위상과 역량을 지녀야 한다.

서울대가 영어권 위주 평가 지표에 의한 기존 대학 평가 시스템 안에서는, 그리고 세계 유수대학 대비 열악한 재정 상황과 교수 급여 수준 등으로는 글로벌 최고 대학으로 도약하기란 거의 불가능하다. 따라서 서울대가 글로벌 최고 대학이 되기 위해서는 전복적 사고가 필요하다. 한국은 세계 최고 수준의 IT 기술력을 갖추고 있으며, 서울대는 디지털 대전환을 비교적 성공적으로 이뤄왔다. 또한 세계적 수준의 교수진을 보유하고 있다. 이러한 장점을 최대한 활용해 '글로벌 지식 플랫폼'으로서의 대학 실현을 추구해야 한다. 사람과 사람, 대학과 대학, 연구 기관과 연구 기관, 대학과 국내외 사회를 유기적으로 연결하는 스마트 휴먼 그리드의 허브가 돼, 세계 지식의 생산과 유통, 소비 경로의 핵심 교차로가 되고, 책임감 있는 세계시민 양성의 중심축이 되는 비전을 세우고 이를 추구해야 한다. 글로벌 지식 플랫폼 대학으로의 서울대 '역할 영토'의 변환을 지역 국가중추대학들이 공유해 서울대와 네트워크를 형성하면, 사상 초유의 혁신적 고등교육 생태계가 만들어지게 된다.

이 신문명 기반 생태계 안에서 지역 국가중추대학은 해당 지역 내 독자적 지식 플랫폼 대학으로서 이웃 대학, 연구 기관, 산업체, 지자체, 지역사회 등과 또 다른 네트워크를 구축할 수 있다. 결국 글로벌중추대학 서울대와 지역 국가중추대학 그리고 그 이웃 대학들이 촘촘히 연결된 거대한 고등교육 네트워크를 형성해 하나의 '네트워크 기반 집체대학'으로서 세계적 경쟁력을 확보할 수 있게 된다. 이것이 '서울대 10개 만들기'의 궁극적 성공 모습이다. 그러했을 때 '서울대 10개 만들기' 정책은 대한민국의 교육 지형을 근본부터 바꾸는 위대한 국가적 도전으로 평가될 것이다.

공공재이자 사회간접자본으로서의 서울대

우리 사회의 중요한 공공재이자 사회간접자본인 서울대

대학이 사회 변화 속도를 따라가지 못하면서 대학의 존재 이유에 의문을 제기하는 목소리가 커지고 있다. 전통적 지식 전수 방식이 사회 패러다임의 거대한 변화에 밀려 도태되기 시작하자, 실질적 문제 해결 능력을 가르쳐주지 못하는 '대학이라는 공룡 조직'에 대한 불신이 확산하는 것이다. 근래 AI의 혁명적 발전은 이런 인식을 더욱 강화하고 있다.

서울대가 처한 상황도 여타 대학과 크게 다르지 않아 보인다. 한국 사회가 서울대에 거는 기대가 컸던 만큼, 시대 변화에 적극적으로 부응하지 못한다는 실망은 더 클 수밖에 없다. 정치적으로 민감한 사안에 서울대 출신 인물들이 많이 연루되면서 서울대에 대한 질타의 목소리가 더욱 커졌다. 본연의 역할은 충실히 하지 못하면서 해바라기처럼 권력을 좇는다는 비판까지 들린다. 국민은 서울대가 사적 이익 추구에 유능한 '똑똑한 집단'에 그치지 않고 사회를 더 정의롭게 만드는 데도 공헌하기를 기대하니, 여타 대학과 비교할 수 없는 지원을 받는 서울대 구성원들의 깊은 성찰이 필요하다.

그러나 서울대가 이런 점을 성찰해야 한다는 사실과 별

개로, 서울대 출신이거나 현재 구성원인 일부 사람의 말이나 행동으로 서울대 전체를 도매금으로 비난하는 것은 우리 사회를 위해 이로운 일은 아니다. 서울대를 이끌어온 주역은 높은 지위에 올랐거나 명성을 얻은 일부 사람이 아니라 묵묵히 교육과 연구에 종사하고 사회 각 분야에서 제 역할을 해온 조용한 다수 구성원이기 때문이다. 서울대가 1946년 개교 이래 '교육 입국, 과학 입국, 기술 입국'을 실현하는 중추적 역할을 할 수 있었던 것이 조용한 구성원들 덕분이고, 지금도 이들은 어려운 여건에서도 변함없이 강의실과 연구실 등 자기 역할을 충실히 하고 있다.

대한민국에서 '서울대'는 단지 하나의 대학을 의미하지 않는다. 이는 우리 사회의 가장 중요한 공공재다. 서울대는 대한민국의 가장 경쟁력 있는 자원인 인재를 길러내는 '사회간접자본' 역할을 해왔고, 우리 사회 전체가 서울대라는 공공재의 형성과 발전에 물심양면으로 힘을 보탰다. 따라서 이렇게 귀중한 공공재를 함부로 다루지 않고 어떻게 잘 쓸지도 사회가 함께 고민해야 한다. 서울대가 국민이 기대하는 역할을 충실히 하게 만드는 '서울대 사용법'에 대한 사회적 합의가 필요하다는 뜻이다.

서울대 사용법

서울대 사용법을 만든다면 어떤 내용이 들어가야 할까? 첫째로 생각할 수 있는 것은 서울대를 다른 대학이 시도하기 힘든 과감한 구조 변화의 플랫폼으로 쓰는 것이다. 서울대가 한국 사회에서 차지하는 상징적 위상을 생각하면, 사회에 던질 선도적 메시지를 담아내기에 이보다 좋은 그릇은 없다. 예컨대 학생 선발에서 지역 균형 선발 제도를 대폭 확대하는 등, 혁신의 발목을 잡는 낡은 입시 제도를 과감하게 바꾸는 모델을 제시하도록 요구할 수 있다. 그렇게 선발한 학생들을 창의적으로 교육할 기존과 다른 실험적 방식을 도입하도록 요구할 수도 있다. 물론 그런 혁신을 요구하려면 외압에 따라 교육과 연구의 방향이 휘둘리지 않도록 확실하게 자율성을 보장해야 한다.

둘째로 시류에 따라 흔들리는 단기적 응용 연구보다 여타 대학이 하기 힘든 장기적 기초연구에 집중하게 하는 것도 서울대 사용법에 포함할 수 있다. 그렇게 해서 얻은 성과를 다른 대학이나 기업이 공유하게 하여 실용적 연구로 발전시킨다면 우리 사회 전체를 위해 매우 바람직한 역할 분담 및 협력 모델이 만들어질 것이다. 서울대가 여타 국공립대학들과 공동운명체라고 인식하면서 자신의 공적 위상에 걸맞은 역할을 추구하게 만드는 것이 필요하고, 그러한 전제 아래 과감한 지원으로 적극적인 실천을 유도해야 한다.

서울대가 우리 사회의 공공재로서 기대에 부응하여 제 역할을 할 수 있을지는 서울대 구성원 자신의 노력 못지않게 우리 사회 전체의 관심에 달려 있다. 공공재인 서울대를 잘 사용하는 것은 대한민국의 미래를 잘 그리는 것이다. 바람직한 '서울대 사용법'을 사회 전체가 함께 고민하여 만들어보자.

법인화 10년 동안의 서울대

서울대는 4차 산업혁명시대에 걸맞게 대한민국의 대전환을 추동해낼 수 있는가? 세계 초일류 대학 수준의 연구와 교육 역량을 갖추고 있는가? 누구나 자랑스러워하는 국민의 대학이 됐는가? 2021년 법인화 10년을 맞는 서울대는 국민의 준엄한 이런 질문에 무슨 답을 내놓을 것인가?

아이러니하게도 법인화한 지 10년이 지난 서울대는 국립대학 시절보다 자율성은 위축되었다. 재정의 정부 외존도는 심화되었고, 세계 초일류 대학은 물론 국내에서의 위상과 비중 또한 하락했다. 세계적 선도연구는 여전히 미진하고, 사회가 요구하는 큰 인재의 육성도 신통하지 않다. 구성원의 자존감은 떨어졌고 국민의 박수를 받지 못했다. 다음

10년이 지난 10년의 단순 반복이면 안 되는 이유다.

그 첫 걸음은 다음 10년의 목표를 분명히 하는 일이다. 법인화 이후 지난 10년의 목표가 대학 운영과 재정의 자율성 및 교육, 연구의 수월성 구현이었다면, 다음 10년은 이러한 목표의 내실 있는 실현에 집중해야 한다. 이와 함께 세계적 선도대학first mover university의 실현, 21세기 한국을 만들어 가는 중추대학future making university의 구현, 국민이 자랑하는 명문대학proudest university의 실현을 추구해야 한다. 이 세 가지는 한 몸처럼 연계돼 있다. 톱 클래스 대학을 넘어 '첫 걸음을 내딛는' 선도대학이 되려면 우수한 연구 인력이 지금보다 배 이상으로 늘어나야 한다. 이를 위해서는 교수직 외에도 사회에서 말하는 좋은 일자리 같은 연구직이 대학에 많이 구비되어야 한다. 이는 국가로부터의 제도적 · 재정적 지원 없이는 실현 불가능하다.

그 다음의 10년, '제2의 건학'에 준하는 제도 개혁과 기풍의 일신이 절실해

서울대가 '첫 걸음을 내딛는' 세계적 선도대학이 되기 위해서는 국민의 지지가 절대적으로 필요하다. 그래야 국가가 움직이기 때문이다. 그렇게 하려면 서울대가 국민에게 실질적으로 도움이 되고 자랑스러운 대학이 되어야 한다. 그랬을 때 충분한 제도적·재정적 지원을 받아 최적의 연구와 교육을 수행할 수 있게 된다. 이를 바탕으로 국민과 함께 미래를 만들어 가는 국민의 중추대학이자 세계의 선도대학이 될 수 있다.

입시제도의 개혁은 이런 점에서 몹시 절실하다. 온 국민이 서울대에 관심을 갖는 대표적 계기이기 때문이다. 개혁의 핵심은 공공성과 수월성의 명실상부한 실현이다. 예컨대 서울대 이외의 기관이나 교육단체 등에서 선별한 외부 입학사정관이 포함된 입학 전형위원회를 두고 여기서 입학생을 뽑는 '사회 공유형 입학 전형제도'와 수월성 기반 자율 선발제도를 병행하는 방식을 시도해 봄 직하다.

전국 국공립대학 공유용 '디지털 트윈 캠퍼스' 구축 등 고등교육을 꾸준히 혁신해갈 수 있는 교육 토대도 갖춰야 한다. 온·오프라인 모두에서 서울대 강의를 무상으로 국민에 개방하는 등 평생고등학습 시대를 선도하고 뒷받침하기 위한 '평생고등학습 플랫폼' 역할도 내실 있게 수행해야 한다. 연구 방면에서 서울대는 원천 지식과 기술의 국내외적 보고[寶庫]가 되어야 하고, 진취적·모험적 선도 연구와 창의적 지식 산출의 장이 돼야 한다. 그러기 위해서는 서울대가 일류 연구자의 허브가 되고 다른 대학들과 역동적 협업 연구를 해야 한다. 대학원생부터 연구원·교수에 이르기까지 국내외 우수한 인력이 모여 들 수 있도록 대학원을 대폭 개방하고 좋은 연구직을 획기적으로 확충하며 교수직을 늘릴 필요도 있다. 아울러 영국, 독일 같은 선진 외국에서 시행 중인 '대학 연구진흥 일반기금GUF, general university fund' 제도의 법제화도 시급하다.

서울대에 대한 국민의 기대 수준은 매우 높아졌다. 기득권에 연연하는 서울대를 더는 곱게 보지 않는 이유다. 법인화 10년을 맞이하는 이때 '제2의 건학'에 준하는 과감한 제도 개혁과 기풍의 일신이 절실한 까닭이다.

서울대 10조 만들기

2026년 새해 서울대를 둘러싼 환경

2025년 대한민국은 다사다난이라는 관용어로는 담아낼 수 없는 큰 변화를 겪었다. 2024년 연말부터 이어진 불법 계엄과 탄핵의 소용돌이에 오랫동안 휘말렸고, 조기 대선을 거쳐 힘겹게 새 정부를 출범시켰다. 트럼프가 던진 관세 폭탄에 온 국민이 경제 전문가처럼 나라 걱정으로 노심초사했다. 국가정보시스템의 심장부인 국가정보자원관리원 화재로 행정 마비의 위기도 겪었다. 그런 와중에 K컬처는 세계인의 마음을 사로잡았고, 코스피 지수 사상 최고치 기록과 수출액 역대 최대인 7,000억 달러 돌파라는 반가운 일도 있었다.

2026년 새해에도 대한민국의 앞길에는 불투명한 미래와 큰 도전이 기다린다. 글로벌 정치 경제 환경은 갈수록 복잡한 고차방정식이 되고, 한반도를 둘러싼 지정학 리스크는 잠시도 긴장의 끈을 놓을 수 없게 엄중하다. 침체한 경제는 시원하게 회복할 기미가 안 보이고, AI로 인한 파괴적 변화는 익숙한 모든 질서와 시스템을 바꾸라고 요구한다. 이제 대한민국이 모방하고 따라갈 선진국 모델이 더는 존재하지 않는다. 하나부터 열까지 우리 스스로 길을 열어야 한다.

대전환기, 혁신적 발상의 구심점은 대학

대한민국이 국가 차원의 역량을 결집해 난제를 해결하고 선도적 개척자가 되려면 의지해야 하는 핵심 엔진이 무엇일까?

대학이 그런 역할을 해야 한다는 것을 부정할 사람은 거의 없을 것이다. 고갈되는 국가 성장 잠재력을 혁신적 발상으로 다시 채울 구심점으로 대학 이외의 현실적 대안을 찾기 어렵다. 특히 AI가 촉발하는 변화로 인해 인간의 일자리가 빠르게 사라지는 현실에서, 사회 시스템의 바람직한 변화 방향을 제시하면서 동시에 미래의 주역인 청년 세대를 그런 변화에 적합한 능동적 인간으로 길러내는 역할을 할 수 있는 것은 대학밖에 없다.

정부가 주요 전략으로 '서울대 10개 만들기'를 추진하는 것은 대학의 역할에 대한 그런 적극적 인식에 따른 행보다. 모든 자원의 서울 · 수도권 편중이 국가 성장 잠재력을 고갈시키는 중요한 원인이라고 봐서 국가 균형 발전으로 성장 잠재력을 회복하려 하고, 그 핵심 방안으로 각 지역의 구심점이 될 국립대를 선정해 서울대 수준으로 집중해 지원하겠다는 것이다.

서울대 자산은 하버드대의 7% 정도 수준

이재명 대통령이 2025년 12월 교육부 업무 보고에서 "손가락이 다섯 개인데 엄지손가락에는 많이 하고 새끼손가락에는 적게 하는 이유가 뭐냐"라며 서울대와 지역 국립대 예산 차등 지원의 공정성을 질문한 것도 그런 문제의식의 연장선에 있다고 본다.

다만 한정된 예산의 제약 때문에 공정 추구가 자칫하면 하향평준화로 귀결되지 않나 걱정이 있었는데, 서울대 지원을 깎는 것이 아니라 지역 국립대 지원을 서울대만큼 늘리도록 노력하자고 했으니 참으로 다행스러운 일이다. 그러나 정부가 서울대를 10개 만든다는 목표로 지역 국립대 지원을 늘려도, 정부 지원만으로 그런 이상적 목표가 이뤄지라고 기대하기는 어렵다. 모델이라는 서울대 자체가 국내에서나 골목대장이지 세계 주요 대학과 역량 비교가 부끄러운 수준이다.

대학 역량을 판단하는 중요한 척도는 재정인데, 2025년 기준으로 서울대 예산은 1조 5,000억 원에 불과하다. 반면 하버드대는 약 9조 원, 베이징대도 9조 원, 도쿄대 2조 6,000억 원, 싱가포르국립대는 3조 3,000억 원이나 된다. 총자산 차이는 더욱 커서, 하버드대는 76조 원, 싱가포르국립대는 21조 3,000억 원, 도쿄대는 13조 2,000억 원인데, 서울대는 3~5조 원 수준이다. 자산만 보면 서울대 10개 만들기가 아니라 서울대 10개 합치기를 해야 할 지경이다.

'서울대 10조 만들기'를 제안한다

대학의 발전에 국가의 적극적인 역할은 필수적인 동력이다. 그러나 한국 현실에서 정부 지원은 대학의 생존을 위한 최소한의 버팀목일 뿐, 세계 주요 대학과 어깨를 나란히 하면서 국가 성장 잠재력을 확충할 만큼의 자원은 되지 못한다. '서울대 10개 만들기'로 균형 발전을 추구하는 것은 정부가 마땅히 해야 할 일이나, 그것만으로 세계 주요 대학과 경쟁할 토대를 만들기에 크게 부족하다면 그나마 가능성이 있는 대학은 스스로 도약의 방안을 찾아야 한다.

그래서 새해부터 추구할 목표로 '서울대 10조 만들기'를 제안하고 싶다. 정부는 지역 국립대 역량을 서울대만큼 끌어 올리도록 노력하고, 서울대는 과감한 재정 확충으로 세계 주요 대학과 경쟁하는 모델이 되자는 것이다. 그러기 위해 총자산을 76조 원의 하버드대만큼은 아니어도 도쿄대에 버금가는 10조 원 정도로 최대한 빨리 확충해야 한다. 지금처럼 매년 700~800억 원 정도 기금을 조성하는 점진적 방식으로는 국내 골목대장 처지를 벗어날 수 없다.

비상한 목표를 이루려면 비상한 방안이 필요하다. 우선 필요한 것은 기금 조성과 운영 방식 혁신이다. 기부자의 부동산 위주 기부에 수동적으로 의존할 것이 아니라, 서울대 교수들의 탁월한 연구 역량과 성과를 바탕으로 연구 기금 중심의 능동적 조성을 추진해야 한다. 다양한 방식의 유연한 기금 운용도 필요하다. 하버드대나 예일대가 적극적인 자산 투자로 기금을 불리고, 스탠퍼드대가 재학생 스타트업에 투자해 성공하는 것을 참조할 필요가 있다. 과도한 위험을 감수하는 운용은 피해야겠으나, 국민연금도 20%의 수익률을 기록하는데 그보다 못한 운용 방식이라면 재고함이 마땅하다.

기금 조성과 운용의 혁신적 변화를 위해서는 정부의 협

조가 절실하게 요청된다. 서울대가 정부의 국립대 균등 지원과 '서울대 10개 만들기'에 적극적으로 협력하는 만큼, 정부도 변화의 걸림돌이 되는 각종 규제를 과감하게 폐지해야 한다. 서울대가 형식적 법인화를 넘어 기금 운용의 명실상부한 자율성을 갖고 재정 독립을 이루게 해야 한다. 그래서 '서울대 10조 만들기'가 성공한다면, 이는 '서울대 10개 만들기'와 함께 대한민국의 새로운 미래를 쌓는 주춧돌이 될 것이다.

공동체 속의 서울대

인류 공동체, 지구 공동체 속의 대학

"초라한 집이 행복해야 궁궐이 안전하다The palace is safe when the cottage is happy"라는 경구가 있다. 19세기 영국 총리를 두 번 역임한 정치가이자 작가인 벤자민 디즈레일리Benjamin Disraeli가 한 말이다. 가난한 사람들이 행복해야 부자들도 안전하게 살 수 있다는 뜻이다. 부유층이 자기 이익만 추구하느라 가난한 자들을 돌보지 않았을 때, 부자들의 행복은 커녕 안위 자체가 보장되지 못했던, 나아가 공동체의 존립이 위태롭게 됐던 유럽 역사에서 얻은 교훈을 담고 있는 말이다.

다만 유럽뿐이겠는가? 디즈레일리가 던진 교훈은 사실

동서고금의 모든 공동체에 고루 적용된다. 가령 인류공동체 차원에서도 마찬가지이다. 인류 공동체는 다양한 구성원의 총합이다. 인종이나 민족, 지역 등과 무관하게, 또 부자와 빈자, 강자와 약자, 연장자와 연소자, 남자와 여자 등 어떤 부류로 분류되든 간에 그 부류 모두가 다 속하는 것이 인류 공동체이다. 이 공동체가 평화롭게 유지되기 위해서는 구성원의 화합이 이루어져야 하고, 이를 위해서는 예컨대 사회적 강자가 약자에 대한 책임감과 유대감을 지니고 이를 실천함이 무엇보다 중요하다. 사회적 약자가 무시되고 핍박받음이 임계점에 달했을 때 사회적 강자는 물론 그들이 속한 공동체 전체가 불행의 늪에 빠지게 됨을 인류는 이미 적잖이 경험했다. 그 공동체가 가족이나 지역이든 간에 또 국가나 문명권이든 간에 늘 그러했음은 역사를 통해 쉬이 확인할 수 있다. 이들 공동체가 불행해지면 결국 이들로 이루어진 인류 공동체도 불행해지게 된다.

한편 초라한 집의 행복이 궁궐의 안전에 직결된다는 경구는 인간만으로 구성된 공동체에만 적용되는 것은 아니다. 인류의 삶터인 지구를 보자. 이 지구 공동체는 인간과 동물, 식물, 미생물, 무생물 등 다양한 구성원으로 이루어져 있다. 우리는 인간 중심의 지구촌에서도 살지만 동시에 인류와 모든 생명체와 무생물이 유기적으로 연결되어 있는 지구 공동체의 일원으로도 살아가고 있다. 이 구성원 간에도 디즈레

일리의 경구가 적용될 수 있다는 것이다. 인류는 과학기술 기반 문명의 획기적 발전을 통해 지구 공동체에서 무소불위의 힘을 가진 존재로 스스로를 자리매김한 지 꽤 오래되었다. 현대 문명 시기를 '인류세[anthropocene]'라고 부를 정도이다. 인간이 지구의 운명을 좌우하는 유일무이한 권력자가 되었다는 뜻이다. 몇 년 전 수년에 걸쳐 겪었던 코로나19 팬데믹은 이 권력자와 지구공동체의 다른 구성원 간 조화가 깨지면 인류의 생존이 위협을 받게 될 것임을 고통스럽게 각인시켜 주었던 사례이다. 나와 지구 공동체는 이렇게 일상 차원에서 긴밀하게 연결되어 있었던 것이다.

대학, 공동체 회복의 중추

인간은 한 명 한 명이 다 복수[複數]의 관계들로 이루어진 존재이다. 태어나는 순간부터 우리는 다양한 공동체에 속하게 된다. 나와 가족이나 타인 사이뿐 아니라, 나와 조직·지역·국가, 그리고 나와 생명들, 나와 지구 사이에 형성되는 관계가 나를 실질적으로 구성하고 움직이게 하며, 나의 삶 속에서 일상적으로 작동하고 있다.

아무리 1인가구가 확대되고 '혼밥'이니 '혼놀' 같은 '혼족' 현상이 심화되고 된다고 해도 나는 어디까지나 '관계들의 총합으로서의 나'인 것이다. 그리고 공동체는 학교든 직장이든 지역사회든 국가든, 결국 이러한 개인들로 이루어진다. 따라서 관계들의 총합으로서의 나를 건사하는 길이 곧 공동체 회복으로 나아가는 효율적이고도 미더운 길이 된다. 나를 잘 건사하려면 나를 구성하고 있는 관계들을 잘 건사해야 한다. 나를 구성하고 있는 관계들을 잘 건사한다는 것은, 그 자체로 나와 연결된 공동체를 잘 돌보고 보살피는 활동이 되기 때문이다. 따라서 나에게 교차되는 관계들을 책임 있게 건사하는 역량이 공동체 회복의 관건이 된다.

바로 이 점에서 대학은 공동체 회복의 중추이다. 사실 '나를 건사하는 역량'의 구비는 초등학교는 물론 중고등학교 내내 도모되는 것이 정상이다. 그러나 이미 초등학교 때부터 대학입시의 자장에 휩싸이는 현실은 이의 실현이 요원함을 잘 말해준다. 한편 대학은 청년 학생이 생활인으로서의 삶을 본격적으로 준비하고 익히는 장이다. 청년은 결코 어리지 않다. 그들은 어엿한 성인이다. 대학은 이들이 성인으로서 자신을 건사하는 역량을 키우는 첫 단계이다. 물론 대학을 둘러싼 작금의 현실을 감안하면 대학에서조차 나를 건사하는 역량을 키우는 일이 쉽지 않음이 사실이다. 갈수록 대학을 사회진출을 위한 '취업사관학교'로 대하기 때문이다.

물론 졸업 후의 삶을 위한 실무 역량을 튼튼하게 구비하는 일은 당연히 필요하다. 그러나 이를 위해서만 대학이 존재한다면 '대학'이라는 이름을 굳이 고수할 필요가 있을까 싶다. '취업사관학교'로서의 대학을 굳이 높은 비용을 감수하며 다닐 필요가 있을까 싶다는 얘기다. 기업에서 요구하는 실무 역량을 갖추는 데는 그쪽으로 특화된 학원을 다니는 것이 가성비가 훨씬 좋은 선택일 수 있기에 하는 말이다. 오로지 실무 역량만을 갖추고자 한다면 대학은 정답이 아닐 수 있다. 대학은 실무 역량뿐 아니라 '큰 학문'이라는 이름이 표방하는 여러 역량까지 더불어 갖추는 곳이다. 그 하나가 바로 자신을 건사할 줄 아는 역량을 갖춤으로써 공동체를 건사할 수 있는 역량을 겸비하는 것이다.

대학, 기초지력과 용기를 익히는 곳

대학에서 학생들이 자신과 공동체를 건사하는 능력을 겸비하기 위해서는 학생들이 대학에서 적어도 다음 두 가지를 익힐 수 있어야 한다. 대학이 그럴 수 있도록 준비되어 있어야 한다는 뜻이다.

첫째는 기초지력이다. 기초지력이라 함은 비유컨대 기초체력에 해당되는 앎의 힘을 가리킨다. 생활체육, 엘리트체육 할 것 없이 어떤 종목이든 간에 반드시 기초체력을 갖추고 있어야 비로소 해당 체육활동을 할 수 있게 된다. 이는 기초체력이 활용 범위가 넓다는 뜻이고 그만큼 쓸모도 오래 지속될 수 있다는 얘기다. 기초체력 구비의 목적이 체육활동에 필요한 힘을 '골고루' 또 '지속 가능하게' 갖추는 데 있기에 가능한 현상이다. 여기서 종목을 직업으로, 체육활동을 삶으로 바꾸어보자. 기초지력을 왜 갖추어야 하는지가 명료해질 것이다. 이러한 기초지력을 키우는 길은 다양하다. 기존의 인문교양교육을 비롯하여 사회적 역량 강화에 초점이 맞추어진 사회교양교육, 디지털 문명에 대한 문해력digital literacy을 높이는 과학기술교양교육 등이 그것이다. 물론 이 밖에도 더 다양한 길이 있을 수 있다. 그러나 어떤 길이든 삶을 살아가는 데 필요한 힘을 '골고루 · 지속 가능하게' 갖추는 수준을 목표로 해야 하며, 전체나 그룹이 아닌 개인을 단위로 하는 교육을 기반으로 이루어져야 한다. 나날이 진보하는 디지털 과학기술이 이를 가능케 해주고 있으니 말이다.

둘째는 용기이다. '용기 교육'이 대학의 중요한 인성 교육의 하나로 설정될 필요가 있다는 얘기다. 여기서 용기는 완력이나 무력 같은 물리력을 기반으로 하는 용맹함을 말함이 아니다. 공자가 "어진 이는 반드시 용기를 지닌다仁者必有勇"『논어』고 잘라 말했던 그 용기를 가리킨다. 공자가 군자, 그러니까 '사회적 존재로서 자기 삶의 주인'이 되고자 한다면 어짊과 지혜, 용기를 갖추어야 한다고 했을 때의 그 용기를 말한다. 이 용기는 어짊을 구현해주는 데 필요한 덕목이다. 오늘날로 치자면 자기가 옳다고 믿는 바를, 하고 싶은 바를 실현하는 데 필요한 역량이다. 이를테면 '욜로YOLO족'이나 '파이어FIRE족'으로서의 삶을 선택했을 때, 주변의 우려나 시선에 굴하지 않고 이를 실현해내는 데 꼭 있어야 할 덕목이 용기라는 것이다. 물론 갖은 부조리와 불의 등에 흔들리지 않는 데, 그리고 불확실한 미래로 인한 불안감에 휘둘리지 않는 데도 용기라는 힘이 요청된다. 남들과 다른 길을 가고자 하고 다수가 쳐다보지 않는 바를 인생의 이정표로 삼는 데도 필요하다. 무엇보다도 나 하나를 건사하기도 힘든 시절에 더불어 살아감을 도모하는 데 꼭 필요한 것이 바로 용기이다.

대학이 이 둘을 구비하는 장으로 온전히 작동되면, 학생들은 개개인 차원에서 기초지력과 용기를 겸비하게 된다. 그렇게 기초지력과 용기가 결합되면, 자기를 긍정할 수 있는 힘과 자기를 강화해갈 수 있는 힘을 지니게 된다. 그 당연한 귀결로 자기에 교차되는 제반 관계를 건사하는 역량도 탄탄하게 갖추게 된다. 그랬을 때 비로소 공동체를 건사할 수 있게 된다. 자기를 긍정하고 자신을 강화해갈 줄 아는 이는 시야가, 또 활동 반경이 결코 자신에 국한되지 않기 때문이다.

강한 이만이 자신을 열 줄 알고 주변을 자신의 실존에 담아낼 수 있다. "We are not born for ourselves!우리는 우리 스스로만을 위해 태어난 것은 아니다"라는 경구에 담긴 정신이 대학에서 일상적으로 구현될 때 공동체 회복은 요원한 일이 아니게 될 것이다.

서울대, 공룡조직에서 스마트한 조직으로

서울대 거버넌스의 혁신이 필요한 까닭

대학은 도전적 진화를 일구어야 한다. 이상 기후, 인구 절벽, 지역 소멸, 코로나19 팬데믹 등의 자연적, 사회적 재난은 대학이 지금과 내일을 위해 무엇을 해야 하는지를 오롯이 드러내주며 대학의 진화를 재촉하고 있다.

우리는 지금 재난시대에 살고 있다. 이상 기후 등 생태계 파괴로 인한 폐해가 일상화되고 있으며, 또 다른 바이러스에 의한 팬데믹을 경고하는 목소리도 이어지고 있다. 지역 소멸, 대학 폐교 등 인구 절벽으로 인한 피해도 본격화되고 있다. 디지털 기반 과학기술 덕분에 이러한 '뉴노멀' 상황에 나름 대처하고 있을 따름이다. 이는 자연적, 사회적 재난 대비와 극복, 이와 연관된 제반 문제의 해결 등에 대한 대학의 연구와 교육 역량이 4차 산업혁명과의 유기적 연동 아래 획기적으로 강화되어야 함을 말해준다. 또한 이를 지속 가능하게 수행할 수 있도록 대학 조직도 혁신되어야 함을 일러준다. 단적으로 대학도 'ESG 지표'를 적극 받아들여 대학의 일상으로 삼을 필요가 있다. ESG가 기업과 사회의 지속가능성을 높여주는 것처럼 대학의 지속 가능성도 높여주기 때문이다. ESG를 대학의 기본으로 교육하고 연구함은 물론 대학운영 자체가 ESG의 실현이어야 한다. 곧 대학은 ESG 지표가 높은 조직으로 진화해야 한다.

대학, 애자일Agile, 에지Edge 조직이 되어야

대학이 ESG 지표가 높은 조직이 되기 위해서는 대학 체질이 일신되어야 한다. 대학 조직의 몸집이 가벼워지고 의사결정 구조가 개선되어야 한다. 이를테면 대학도 '애자일Agile' 조직이 되어야 한다.

애자일은 개인 개발자 간 긴밀한 협업을 바탕으로 변화에 기민하게 대응하는 소프트웨어 개발 방법론이 조직 운영론으로 응용된 개념이다. 급변하는 현재에 능률적으로 대처하고 예측 불가능하게 전개되는 미래를 대비하는 데는 기민하고 유연한 운영이 가능한 조직이 유리하다. 대학의 행동과 의사결정을 능동적이고도 선제적으로 해가려면 애자일 조직으로 진화해야 한다는 얘기다. 조직과 직무의 경계가 관성화되고 의사결정이 일방적·단선적으로 이루어지는 기존의 '폭포수 waterfall 체계'로는 코로나19 팬데믹으로 인한 뉴노멀의 사후적 수습조차 벅참을 우리는 이미 경험했다. 대학의 소명인 지속가능한 혁신과 창조를 일상적으로 실현하기 위해서는 교육, 연구 역량 못지않게 대학조직의 '파괴적 혁신'이 꼭 이루어져야 한다.

'에지 컴퓨팅 edge computing'의 활용은 그러한 파괴적 혁신을 일궈내는 한 방도이다. 중앙 집중 서버가 모든 정보기술 IT 관련 서비스를 처리하는 클라우드 컴퓨팅 cloud computing 은 효율성과 통합적 연계를 달성하는 데는 효과적이지만 과부하가 걸리면 병목과 지체 lag 현상이 일어나는 단점이 있다. 다수의 소형 서버를 통해 데이터를 분산해서 처리함으로써 이러한 과부하를 해결하는 상호보완적 방법이 에지 컴퓨팅이다. 클라우드 컴퓨팅이 문제라는 얘기가 아니다. 대학 운영이 중앙으로 집중화되면서 조직이 비대해지고 대학은 관성과 안일에 쉽게 매몰되었다. 시대와 사회를 선도해야 할 대학의 행동은 늘 한두 걸음 늦었고 대학의 존재 가치는 갈수록 심각하게 의심받고 있다. 이러한 작금의 대학 현실은 비유컨대 과부하가 일상적이고 반복적으로 걸리는 클라우드 컴퓨팅과 유사하다는 뜻이다. 에지 컴퓨팅을 응용해 대학 운영의 탈중앙화를 추진해야 하는 까닭이다.

'애자일'하고 '에지'한 대학 조직과 운영이 명실상부하게 구현될 때 ESG라는 가치의 실현은 한층 지속 가능해진다.

이렇게 도전적 진화를 성취해낼 때 대학은 사회와 국가 발전의 중추 역할을 미래 사회에서도 지속해갈 수 있게 될 것이다.

학문 다양성의 구현과 열린 전공

무전공 대입과 자유전공학부 실험

2024년 초 교육부가 대학 '무전공' 입학 제도를 추진하면서 자유전공학부가 다시 주목 받았다. 무전공 입학 제도가 자유전공학부 모델과 비슷하거나 그 확대판으로 보였기 때문이다. 과거 자유전공학부 도입 때 벌어진 것과 비슷한 논란이 당시에 다시 벌어졌다. 일종의 '피할 수 없는' 논란이 다시 벌어진 셈인데, 피할 수 없는 논란일수록 무엇이 문제이고 대안은 무엇인지 꼼꼼하게 따져보는 일이 더욱더 필요하다.

우리나라 대학에 자유전공학부가 도입된 지 2025년 기준 16년이 되었다. 자유전공학부는 로스쿨 체제 도입으로 학부 모집정원이 남게 되어 그것을 발판으로 출범했다. 학생에게 자유로운 전공 선택을 허용하고, 학문 간 창조적 융합을 실험하며, 대학의 글로벌 역량을 강화하는 등 혁신을 불러오는 마중물이 되리라는 기대를 받았다. 그러나 이 제도를 도입한 대학 대부분은 이런 기대에 충분히 부응하지 못했다. 학부를 해체하거나 모집정원을 다른 전공에 이전했고, 제도를 유지한 대학도 사실상 로스쿨 시험 준비반으로 운영되는 것을 막지 못했다. 유독 서울대가 제도 취지를 살려서 운영하는 예외적 사례라 해도 과언이 아니다.

서울대 자유전공학부가 남긴 성과 중에, 주목이 덜 되는 것이 학문 생태계 활성화에 끼친 긍정적 영향이다. 자유전공학부는 출범 당시 기존 학과들을 위협하리라는 경계심을 불러일으켰지만, 기존 학과들과 제로섬 방식으로 경쟁하지 않고 보완관계를 이루었다. 특히 인문학과 자연과학 등 기초학문으로 학생들을 유도하여 학문 생태계를 활성화하는 역할을 했다. 학문 생태계 활성화로 기존 학과와 공존하면서 유연하게 체제 변화를 추동할 가능성을 보여준 점은 자유전공학부가 남긴 큰 성과다.

학문 다양성의 구현이 무전공 대입 성공의 전제

고등교육의 생태계가 건강하게 유지되려면 가장 중요한 것은 그것을 구성하는 종의 다양성이다. 아무리 우월한 종이라도 그것으로만 구성된 생태계는 지속가능하지 않다.

농민은 한 가지 작물만 심으면 전염병이나 이상기후 대응에 취약해 한해 농사를 망칠 수 있음을 경험으로 터득한다.

최근 서울대 자유전공학부에 다양성이 위축되는 조짐이 보인다. 학생들이 선택하는 전공의 지나친 쏠림 현상이 나타난다는 뜻이다. 경영, 경제나 컴퓨터공학 등 일부 전공으로 선택이 몰린다. 게다가 2022년 문·이과 통합수능 시행으로 정시 입학생은 100% 이과생으로 채워졌다. 취업난과 부정적 외부 환경의 영향을 받는 이들 학생들이 기초학문 토대 위의 학문 생태계를 건강하게 유지할 다양한 종으로 안착할 가능성은 낮다. 자유전공학부가 그동안 거둬온 중요한 성과들이 빠르게 퇴색할 수 있다. 이는 무전공 입학의 미래이기도 하다.

근래 벌어지는 무전공 입학 논란의 답은 자유전공학부의 경험 속에 있다. 이 학부가 기초학문을 강화하고 학문 생태계를 활성화해서 대학 혁신을 유도하는 역할을 할 수 있었다면, 무전공 입학도 그런 순기능을 하는 것이 가능하다. 그러려면 학문 생태계에 대한 섬세한 이해가 필요하고, 지금 서울대 자유전공학부에 나타나는 전공 쏠림현상에 대처할 방안이 충분히 있음을 보여 주는 것이 필요하다.

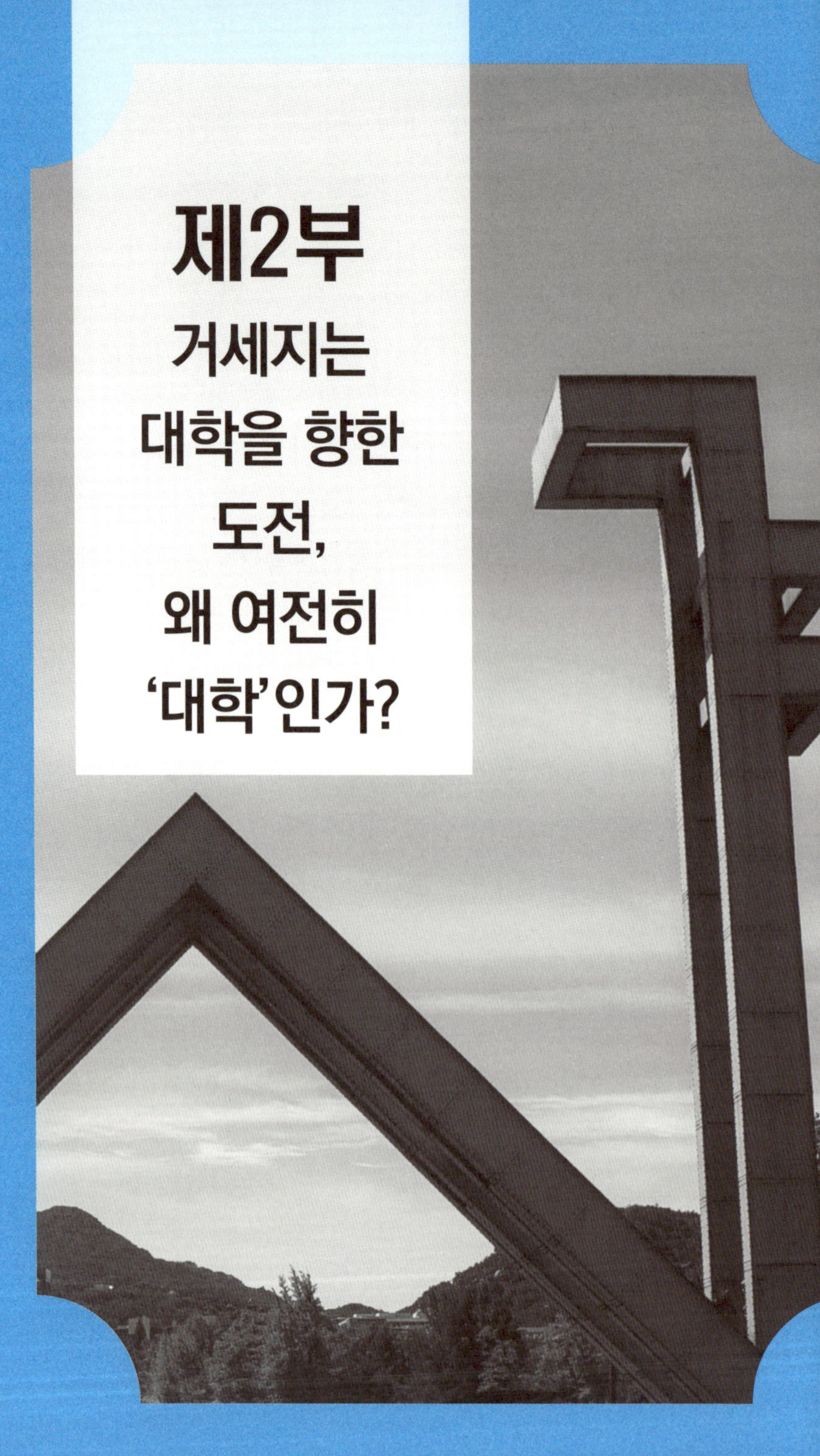

제2부

거세지는 대학을 향한 도전, 왜 여전히 '대학'인가?

정신과 인격을 함양하는 어떤 종류의 지식이 있다는 사실을 부인할 수는 없습니다. 보편적인 소양이면서 이것 없이는 어느 누구도 살 수 없는 더 소중한 것입니다. 어느 누구도 훌륭한 장인, 상인, 군인, 사업가가 될 수 없을 것입니다. 직업에 관계없이, 각기 처한 상황에 따라, 그들이 훌륭하고 올바른 인간이 되는 그리고 시민이 되는 교육을 잘 받지 않는다면 말입니다. 교육을 통해서 이와 같은 기본 소양이 갖추어진다면, 직업과 관련된 기술들은 나중에 쉽게 획득할 수 있을 것입니다. 이런 사람이, 인생에서 종종 일어나곤 하듯이, 한 직업에서 다른 직업으로 자유롭게 이동할 수 있습니다.

– 훔볼트의 말(C. Menze, Die Bildungsreform Wilhelm von Humboldts. Hanover, 1975. p. 280)

특히 대학의 미래는 곧 우리 사회의 미래라는 것을 깨달은 순간, 대학총장의 역할은 우리 사회의 미래를 위하여 헌신하는 것이라는 자각이 나를 깊은 성찰 속으로 이끌어 들어갔다. 나는 서울대학교의 비전을 한국사회의 당위적인 미래와 연결시켜서 재조명하게 되었다. 생각의 와중에 정희성 시인의 시 한구절이 떠올랐다.

누가 조국의 가는 길을 묻거든
눈을 들어 관악을 보게 하라

시인이 노래한 것처럼, 서울대를 포함한 대학의 미래는 바로 한국의 미래라고 생각한다. 대학이 살아 움직이며 제 역할을 다할 때 한국의 미래는 밝을 것이며, 그렇지 못할 때 한국의 미래는 어두워질 것이라고 생각한다. 사회의 목소리는 그렇다.

– "한국의 미래와 (서울) 대학의 비전", 서울대학교 제22대 정운찬 총장의 연설, 2002년 12월 26일.

대학이 마주한 문명 대전환

세 가지의 대전환

'대전환'이라는 말이 심심찮게 들린다. 인공지능[AI] · 사물인터넷[IoT] · 메타버스 · 모빌리티 혁명으로 대변되는 '디지털 대전환'이라든지, 석유·석탄 등 화석연료 중심에서 풍력·태양열 같은 신재생에너지로 전환하는 '에너지 대전환'이 대표적 사례다.

'바이오 대전환'도 있다. 인간 생명을 둘러싸고 과거에는 없던 대전환이 한창 진행되고 있다는 얘기다. 생명공학[BT]이라는 말이 널리 사용되듯이 생명을 공학적으로 처리하는 활동이 본격화한 지는 오래다. 의료기기를 인체 내부에 넣음으로써 생명을 연장하는 의술이 도입된 지는 더 오래됐다. 머잖아 자연적으로 타고난 생명보다는 기계적으로 구성된 생명 장치에 인류가 더 의존할 가능성이 매우 크다. 그 결과 인간 생명은 비약적으로 연장될 것이다. 죽음이 유보되는 셈이다. 이에 따라 인간 삶과 생명에 대한 사유와 감각이 근본적으로 바뀔 것이다.

이러한 대전환들은 생태 파괴, 기후 위기, 팬데믹, 전쟁 등 자연적 · 사회적 재난의 일상적 빈발과 맞물리면서 인류의 삶과 사회에 실질적으로 큰 영향을 끼치고 있다. 예컨대 유럽연합EU의 녹색 분류체계green taxonomy 정책 도입에서 보듯이, 러시아의 우크라이나 침략 전쟁에서 디지털 과학기술이 게임 체인저로 작동된 데서 알 수 있듯이 대전환은 우리가 관심을 갖지 않는다고 피해갈 수 있는 것이 아니다. 개인이든 국가든 대전환을 선도하거나 적어도 뒤처지지 않아야 한다.

대학이 마주하고 있는 현실

대학은 무엇보다도 인문을 견인하고 선도해야 한다. 분과학문으로서의 인문학을 말함이 아니다. '인간다움의 무늬人紋', 곧 인간이 인간으로서 펼쳐내는 모든 문명 행위를 대학은 자신의 동력이자 자양분으로 삼아야 한다. 특히 지금처럼 문명사적 대전환이 이뤄지고 있을 때는 더욱 그러하다. '문명의 저울文衡'이라는 대학의 본령을 한층 능동적으로 발휘해야 한다.

우리는 재난이 상수가 되고 디지털 문명이 인류의 생활을 획기적으로 변화시키는 문명사적 대전환 시기를 살고 있다. 코로나19 팬데믹, 인구절벽 등에서 볼 수 있듯이 자연적, 사회적 재난은 개인부터 국가 차원에 이르기까지 광범위하게 일어나고 있다. 게다가 생태 파괴, 이상 기후 등으로 인한 재난은 일국 차원을 넘어 국제적 차원에서 동시적으로 발생하고 있다. 'ESG', 곧 '친환경Environment', '사회적 책임Social', '윤리적 지배구조Governance'라는 가치가 전 사회적으로, 또 국제적 차원에서 주요 화두가 되는 까닭이다. 개인부터 한 국가, 권역, 세계 차원에 걸쳐 일어나는 자연적, 사회적 재난을 근원적으로 해소하기 위해서는 그 무엇보다도 먼저 실현해야 할 가치이기 때문이다.

단지 당위 차원에서 그래야 한다는 얘기가 아니다. 지식 기반 사회가 구현되어 지식이 고정자산이 된 것처럼 친환경도 자산이 되고 있고 이윤을 내고 있다. 탄소 배출권이 거래되고 친환경이 자국 이익 실현에 주요 방편으로 활용되고 있다. 한마디로 친환경은 돈이 되고 힘이 되고 있다. 생태라는 화두를 윤리와 이윤 모두의 차원에서 중시해야 하는 이유다. 여기에 많은 전문가들이 입을 모아 경고하는 팬데믹의 빈발 가능성, 지구 온난화로 인한 이상기후의 일상화 등도 주시해야 한다. 이 모두가 다름 아닌 인간의 행위로 인해 야기된 현상이라는 점에서 대학이 직시해야 할 인문이다.

인구 절벽, 지역 소멸 등으로 인한 불안 증폭 같은 사회적 재난도 마찬가지다. 이들은 단지 사회문제 차원에 머물지 않는다. 당장 대학 소멸, 지방 붕괴를 야기하고 있는 인구 절벽은 제대로 대처하지 못하면 국가 소멸로 이어질 수도 있으며, 초고령사회와 맞물리면서 국민의 지속 가능한 노년이 휘발될 수도 있다. 남북 분단, 한반도 주변 국가의 군비 증

강 등도 무시해서는 안 될 사회적 재난이다. 불안과 공포가 일상화되면 재난을 재난으로 여기지 못하기도 한다. 이런 점에서 이들 사회적 재난은 그 위험성이 더욱 크다. 그것은 대학이라도 평소에 착실히 대처해 가야 하는 인문이며, 무엇보다도 대학이 사회적 책임을 다하고 윤리적 소임을 다하기 위해서는 결코 경시해선 안 되는 인문이다.

한편 디지털 과학기술의 시대가 한창 전개되고 있다. 이른바 '4차 산업혁명'으로 대변되는 과학기술의 진전이 개개인의 삶부터 사회와 국가의 일상을 송두리째 바꾸고 있다. AI는 인간을 노력과 노동으로부터 자유롭게 할 뿐 아니라 인간 자체를 대체해 가고 있다. '디지털 문해력'은 대학은 물론 사회의 기초교양으로 운위되고 있고, 디지털 기반 정보통신 기술의 높은 문제 해결 역량은 코로나19 팬데믹을 극복해가는 과정에서 극명하게 입증되었다. 세계는 AI 주도권 확보와 유지를 위해 무한 경쟁하고 있고, 초지능 인공지능[ASI], 범용인공지능[AGI]의 출현을 예고하고 있으며 휴머노이드, 스마트 모빌리티 등 피지컬 AI가 점차 대세화될 조짐을 보이고 있다. 이들 또한 우리 대학이 마주하고 있는 인문이다.

대학, 바이오 대전환에 앞장서야

한편 지구상에서 인간이 다른 생명체에 대해 누리던 특권이 해체되고 있다. '동물권'은 인권에 버금가는 위상으로 중요성이 상승하고 있으며 뭇 생명에 대한 존중이라는 차원에서 지구생태계 전체를 대상으로 하는 '생물권'이 운위되고 있다. AI를 장착한 로봇에게 인간의 감성 · 사유 · 도덕 등을 이전하는 작업도 착착 진척되고 있다. 적잖은 SF 영화에서 다루었듯이 안드로이드 · 휴머노이드 등으로 불리는 포스트 휴먼과 인간이 일상에서 함께하는 상황은 그저 상상이 아닐 가능성이 커졌다. 이 또한 대학이 마주하고 있는 인문이다.

몸에 장착하는 웨어러블 기기를 통해 인간 역량도 증강되고 있다. 어쩌면 우리는 모두 이미 사이보그일지도 모른다. 20세기까지 상상 속의 사이보그가 각종 기기 장치를 신체 안에 장착하고 삶을 지속해 가는 유형이었다면, 21세기 사이보그는 인간 신체 바깥에 구비된 각종 기기 장치에 자신을 접속해야 비로소 삶을 지속해갈 수 있는 유형으로 진화했다고 할 수 있다. 우리는 휴대전화로 인터넷과 앱에 접속하지 않으면 생활에 적잖이 불편을 겪는다. 식당에 가더라도 키오스크에 접속하지 않으면 음식을 사 먹기가 어려워지고 있다. 현금자동입출금기[ATM] 없는 은행 업무는 쉬 상상이 되지 않을 정도다. 이러한 새로운 문명 조류 앞에서 삶과 생명, 인간 자체에 대한 인식은 크게 달라질 수밖에 없다. 한마디로 '바이오 대전환'이라고 일컬어도 손색이 없는 상황이다. 더 늦기 전에 디지털 대전환, 에너지 대전환과 함께 바이오 대전환을 준비하고 선도할 필요가 있다.

이런 대전환을 정확히 인식하면 대학의 역할이 어느 때보다 중요하다는 사실을 깨닫게 된다. 대학이 르네상스의 요람이자 주력으로 근대문명을 빚어온 데서 확인할 수 있듯이 대학은 문명 전환의 요람이자 첨단이요, 든든한 주력이기에 그러하다. 다만 대학의 변신이 필요하다. 문명의 대전환을 선도하기 위해서 대학은 '창의·융합적 휴먼 그리드'로 거듭나야 한다. 사람을 중시하고 사람의 가치를 존중하면서 사람과 사람을 유기적으로 연결하고 사람이 지닌 지식·기술·경험·지혜를 서로 연결하는 창의・융합적 휴먼 그리드가 대학의 새로운 틀이 되어야 한다. 이를 기초로 대학은 기업과 시민사회와 연결되어야 하며, 나아가 지역사회와 국가, 더 나아가 세계로 그 연계를 확장해야 한다. 이렇게 할 때 비로소 초지능・초연결이 가속하는 디지털 대전환을, 일국 차원을 넘어 전 지구적으로 수행되는 에너지 대전환을, 사람・삶・생명에 대해 이전엔 경험하지 못했던 신세계가 펼쳐지는 바이오 대전환을 창의적으로 선도해갈 수 있을 것이다.

대학은 국가의 나침반

대학의 미래지향적 재구성

대학 안팎을 둘러싼 ‘생태-재난-디지털’로 개괄되는 인문의 변이에 능률적이고 선제적으로 대처해가려면 대학은 적어도 공간, 인적 구성, 조직이라는 차원에서 새로운 인문을 민첩하고도 유연하게 품어내야 한다. 무엇보다도 먼저 대학은 새로운 공간을 품어야 한다. 온라인에서는 AI를 기반으로 하는 디지털 트윈 캠퍼스를 구축할 필요가 있다. 코로나19 팬데믹을 극복하는 과정에서 교육은 물론 대학의 일상이 온라인 기반으로 너끈히 이뤄질 수 있음이 확인되었다. 기성세대의 감각과 사유의 기반이 대면세계[physical world]라면, 이른바 ‘MZ세대’의 그것은 비대면 세계[virtual world]를 기반으로 하고 있어 디지털 환경에 대한 감각이 기성세대와 사뭇 다르다. 이는 온라인 기반 교육의 문제점으로 대두된 사회적 역량의 계발 같은 과업 또한 온라인 기반으로 도모해야 함을 말해준다. 또한 현실공간과 가상공간이 통합된 공간을 대학의 새로운 공간으로 품어야 함도 일러준다.

‘대학-간[間]’, ‘유니버-시티[Univer-City]’ 등도 대학이 적극적으로 품어야 하는 공간이다. 대학이 마주한 생태-재난-디지털로 대변되는 인문의 변이에 대응해가는 일은 어느 특정 대학이 혼자 감당하기는 어렵다. 모든 대학이 '그리드grid, 연결망'를 구축하여 집단지성을 형성해야 한다. 대학별로 할 수 있는 부문에 역량을 집중하는 한편 대학들이 연대해서 유관 경험을 공유하고 역할을 분담하여 인간을 위한 그리드, 즉 '휴먼 그리드'를 구축하고, 예컨대 '미래 공유 연구원' 같은 대학 간 공동기구를 설립하여 인간 삶의 고양을 위한 역량 개발과 삶터의 미래 지향적 설계 등을 체계적으로 수행해 가야 한다. 이를 위해서는 대학과 지역의 협업이 명실상부하게 실현되어야 한다. 그랬을 때 지역대학의 붕괴, 지방 소멸과 같은 현안 해결을 넘어 21세기 평생고등학습 시대의 스마트 플랫폼으로서의 대학 역할을 지속해갈 수 있게 된다.

'대학인'도 재구성해야 한다. 학령인구 감소는 중장기적으로는 고등 연구 인력의 부족으로 이어질 것임이 분명하다. 이미 대학을 졸업하는 우수한 인력이 대학 바깥을 선택한 지도 오래되었다. 문명의 저울 역할을 한층 기민하게 수행해야 할 대학의 역량이 갈수록 약화된다는 뜻으로, 젊은 인구의 급격한 감소가 초래할 대학의 미래다. 하지만 길이 없는 것은 아니다. 한층 자유로워진 범지구적 인재 이동talent mobility을 적극 활용하는 방도가 그것이다. 현대판 '빈공과賓貢科'를 상상할 필요가 있다. 대제국을 건설한 당唐이 문호를 넓혀 주변국의 인재를 적극적으로 흡수하고자 빈공과를 실시했던 것처럼, 외국의 우수한 인재를 학생뿐 아니라 대학 교수와 연구진으로 적극적으로 유치하고 채용해야 한다.

한편 비유컨대 대학의 신체도 새로운 문명조건에 걸맞게 거듭나야 한다. 수형도樹型圖처럼 수장을 정점으로 하여 위계적으로 갈래 쳐진 기존의 조직으로는 대학이 마주한 인문에 효율적으로 대응해가기 어렵다. 대학의 신체가 '애자일agile 조직'으로 변모되고 '다극적multipolar'으로 작동되어야 한다. 위계적으로 잘 조직되고 각 갈래별 직능 분장이 체계화된 조직은 더는 유능한 조직의 제일 조건이 아니다. 지금은 급변하는 인문에 보조를 맞춰 기민하게 변화하고 잘 적응할 줄 아는 애자일 조직이 곧 유능한 조직이다. 그러기 위해서는 탈권위적, 탈경계적, 탈중심적 거버넌스가 요청된다. 수평적이고 협업적이며 문제 해결 중심, 성숙 성장 중심의 대학 신체가 요청되는 까닭이다.

'문명의 저울'로서의 대학

대학은 간단없이 진화해왔다. 12세기 이탈리아, 프랑스, 영국에서 설립된 대학들은 지금과는 판이하게 다르다. 고구려의 태학, 고려의 국자감, 조선의 성균관도 오늘날의 고등교육 기관과 분명하게 다르다. 고등교육 기관으로서의 대학이 그때그때의 인문에 맞추어 진화해왔기 때문이다.

진화의 매 순간, 대학이 문명의 저울로서의 역할을 방기한 적도 없었다. 생태, 재난, 디지털이라는 새로운 인문과 마주하여 필자가 제시한 '스마트 휴먼 그리드 플랫폼으로서의 대학'이라는 제안도 마찬가지다. '문형文衡으로서의 대학'이라는 오랜, 그렇지만 늘 새로웠던 지향을 실현하기 위한 미래대학의 새로운 포맷이다. ESG라는 지속가능한 가치의 실현, AI 기반 디지털 트윈 캠퍼스 구현, 대학-간, 유니버-시티 같은 대학의 신공간 창출, 대학인의 다문화적 구성, 그리고 다극적 거버넌스를 구현하는 애자일 조직으로서의 대학의 신체 등은 진화하는 대학이 펼쳐낼 인문의 기초 토대이다.

대학의 진화는 선택이 아니라 필수다. 대학 안팎을 둘러싼 문명사적 대전환은 진화를 더욱 채근하고 있다. 더는 머뭇거릴 틈이 없다. 대학 스스로가 그러한 진화의 중심으로 당당히 나아갈 때이다.

'스마트 휴먼 그리드 플랫폼'으로서의 대학

코로나19 팬데믹을 겪으면서 대학인으로서 또 하나 겪었던 것이 있었다. 비대면 수업이라는 낯설고도 어색한 경험이었다. 어색함을 느꼈던 까닭은 전면적 비대면 수업이 이른바 지식의 '다운로드'에는 별다른 어려움이 없었지만, 강의를 마치고 나면 차오르곤 했던 허전함 때문이었다. 한편으로는 밀려드는 대학의 위기감에 근심이 짙어지기도 했다. 비대면 수업이라는 형식이 학교라는 장소와 등교, 집합 등을 기반으로 행해지던 기존 대학 교육의 근간을 흔들었기에 그러했다. 여기에 고등교육의 값비싼 비용 문제와 제2, 제3 직업의 획득은 고사하고 졸업 후 제1 직업의 획득에도 확실한 밑천이 되지 못하는 대학의 현실 등이 더해지면서 대학의 위기가 한층 심화된 듯했다.

그나마 위안이 됐던 점은 그러한 위기 속에서 대학의 본질이 부각되는 수확을 얻었다는 역설이다. 대학은 지식과 교양의 발신과 수신이 이루어지는 학술의 광장일 뿐 아니라 소통 역량과 협동심 같은 사회적 인격을 쌓아 가고 좋은 삶을 위한 기술을 익히는 도야의 장이라는 '오래된 미래'라는 본질 말이다. 사람 간 부딪힘에서 비롯되는 대면적 상호의존성은 개인이 독립성을 키우고 창의적, 협업적 존재로 성장하는 데 방해 요소가 아니라 오히려 든든한 힘이었다. 비대면 수업을 통해 지식 전수라는 교육 목표를 달성할 수 있음과 동시에 대학의 존재 이유는 대면 기반일 때 온전히 구현됨을 새삼스레 확인한 셈이었다. 겸하여 비대해진 대학의 군살도 찾아낼 수 있었다. 비대면 수업을 적절히 활용함으로써 강의실 등 공간 활용의 효율을 높일 수 있고, 온라인 기반 교육 콘텐츠의 활용을 통해 행정과 비용을 절감할 수 있음을 목도했다. 이러한 군살빼기의 성과를 오롯이 학생에게 환원한다면 '교육이 높고 강한 대학'이라는 이상 실현은 멀지 않게 될 것이다.

이는 비대면 교육을 변수가 아니라 상수로 놓아야 함을 말해준다. 대면 교육과 비대면 교육의 장점이 서로를 보완하는 '대면-비대면 하이브리드'형이 미래대학의 새로운 기본임을 일러준다. 대학이 '하이브리드 교육 플랫폼'이 되어야 한다는 얘기다. 이의 실현을 위해서는 하이브리드 교육을 뒷받침할 수 있는 제도적 환경의 구축, 이에 필요한 기술적 높이의 구현, 훌륭한 교육 콘텐츠의 지속적 확보와 이의 편리하고도 스마트한 활용 등이 코로나19 이후의 교육을 사유함에 관건이 되어야 한다. 또한 '재난시대'에 직면하여 대학이 어떠한 노력을 해야 하는지도 사유해야 한다. 우리는 이미 재난이 개인부터 국가 차원에 이르기까지 상수가 된 시대를 살고 있다. 생태 파괴, 이상 기후 등으로 인한 재난은 코로나19 팬데믹에서 볼 수 있듯이 일국 차원을 넘어 국제적 차원에서 동시적으로 발생되고 있다. 이러한 재난시대에 대학이 존재 이유를 입증하려면 개인이 재난에 탄력적으로 대처할 수 있는 역량을 갖추는 데 쓸모가 큰 교육을 체계적이고 실질적으로 제공할 수 있어야 한다. 재난에 탄력적으로 대처할 수 있는 개인이어야 재난에 대해 회복력을 갖는 사회가 된다. 탄력적 개인, 회복력 강한 사회를 만들어 가는 일, 이것이 포스트 코로나19시대 대학이 앞장서야 하는 일의 하나다.

이러한 일은 어느 특정 대학이 혼자 하기는 어렵다. 모든 대학이 '그리드grid, 연결망'를 형성하여 집단지성을 구축해야 한다. 재난시대에 대학이 나아갈 방향을 모색하고 새로운 교육 내용과 방식 등을 강구하면서, 유관 경험을 공유하고 역할을 분담해야 한다. 이것이 인간을 위한 그리드, 곧 '휴먼 그리드'이다. 각 대학은 자신이 속한 지역사회에서 각자의 소규모 휴먼 그리드를 조성하여 그 중추 역할을 해야 한다. 대학은 이렇듯 다양한 차원에서 사람을 위해 힘쓰는 '스마트 휴먼 그리드 플랫폼'으로 진화해야 한다. 그랬을 때 대학은 제2 팬데믹 같은 재난 상황이 반복되더라도 그러한 위기를 기회로 전환시켜 가는 미더운 플랫폼이 될 것이다.

미국 경쟁력의 원천은 자유롭고 혁신적인 대학

2차 세계대전 이후 패권을 이어온 초강대국 미국의 경쟁력은 어디서 나올까. 절대적으로 유리한 지정학적 위치, 비옥한 땅과 풍부한 천연자원, 압도적인 군사력, 기축통화인 달러의 힘 등 여러 요인을 떠올릴 수 있겠지만, 필자는 자유롭고 혁신적인 대학이 미국 경쟁력의 가장 중요한 원천이라고 본다. 세계의 인재가 다 모여들고, 그들을 지원할 천하의 자본이 모여들며, 그래서 세상을 선도하는 혁신이 이루어지는 곳이 미국의 대학이다. 그러니 미국의 경쟁력은 곧 미국 대학의 경쟁력이라고 해도 과언이 아니다.

1990년대 초중반 미국에서 유학하면서 미국 주요 대학들의 그런 모습을 부럽게 지켜봤다. 당시 앨 고어 부통령이 '정보고속도로'를 깔자는 비전을 제시하며 대학에 디지털 문명 시대를 이끌 인재 양성을 호소했다. 그렇게 뿌린 씨앗이 오늘날 세계를 움직이는 구글, 아마존, 메타 등 초거대 기술 기업으로 결실을 보고 있다. 미래를 정확하게 예견한 정치 지도자들의 혜안과 그 비전을 실천에 옮긴 정부의 정책 역량이 있어서 가능했지만, 그 근저에는 대학이 있었다. 사회가 대학에 그런 역할을 할 수 있도록 자율적 공간을 열어줬고, 대학 스스로 권력의 외압으로부터 독립된 학술 생태계를 만들었다. 이를 토대로 대학은 혁신으로 사회의 관심과 지원에 보답했다. 그런 독립과 자율 덕분에 지금도 미국 대학에 중국·인도의 인재들이 모여들어 정보기술[IT]과 AI 혁신을 이루고, 동유럽의 여성 과학자들이 이주해 노벨상을 안겨준다.

그러나 요즘 트럼프 대통령의 일방적·독단적 정책으로 미국 대학들이 위기를 겪고 있다. 트럼프 대통령은 하버드·컬럼비아·코넬 등 주요 대학을 '좌파의 온상'이라고 비난

했다. 정부 재정 지원을 끊는 등 무리한 조치로 대학을 입맛대로 길들이려 한다. 'DEI[다양성 · 형평성 · 포용성] 정책'을 폐기하도록 강요하고, 외국 대학들과의 협력도 간섭한다. 심지어 대학 커리큘럼, 교수 임용, 유학생 정책까지 영향력을 행사하려 한다. 연구비를 줄이고 기부금마저 옥죄는 연방정부의 밀어붙이기식 조치 앞에 오랜 전통의 아이비리그 대학들마저 흔들리고 있다. 예산이 줄어들어 이미 선발한 석 · 박사 과정 학생의 입학을 취소하는 사태가 벌어지고, 정치적 억압과 연구 환경 악화를 못 견딘 인재들이 자국으로 돌아가거나 유럽의 대학으로 옮겨가고 있다.

대학의 경쟁력은 그 국가와 사회의 경쟁력

미국 대학들이 겪는 이런 초유의 사태는 미국 사회에 심각한 상처를 남길 것이다. 미국 대학의 경쟁력이 곧 미국의 경쟁력이라고 했으니, 같은 논리로 미국 대학이 받은 충격은 곧 미국 사회가 받게 될 충격이라고 할 수 있다. 설령 당장은 크게 드러나지 않더라도 5년 뒤, 10년 뒤, 20년 뒤에 지금 이 파동은 큰 후유증으로 나타날 것이다. 트럼프 대통령은 3년 반 이후면 무대에서 사라지겠지만, 후대는 그를 미국 대학에 돌이킬 수 없는 상처를 안긴 인물로 기억할지 모른다.

이런 상황에서 미국 대학들이 정부의 압력에 맞서며 대학의 자율과 독립을 지키려고 애쓰는 모습이 특히 인상 깊다. 세계 최고 대학이라는 상징성이 큰 하버드대학에 트럼프 정부의 탄압이 집중되자 220여 개 대학 총장이 "정부가 대학을 통제해 미국 교육을 위험에 빠트린다"며 성명을 발표했다. 여론도 이런 노력에 힘을 실어줬다. 대학의 자율과 독립을 지키는 것이 미국 사회의 미래를 지키는 길이라는 사회적 합의가 있다는 뜻이다. 우리가 주목할 것은 미국 주요 대학들의 든든한 재정 기반이다. 하버드대학은 2024년 현재 기금이 무려 500억 달러[약 71조 원]다. 다른 주요 대학들도 수십 조 원의 기금을 운용한다. 풍부한 기금은 대학이 정부의 압박에 굴복하지 않고 학문 공동체의 자율과 독립을 지키도록 해주는 버팀목이다.

반면 한국 대학의 현실은 어떤가. 미국 대학과 비교할 수 없을 정도로 재정 기반이 취약한 한국 대학들은 자율과 독립을 말하는 것이 사치일 지경이다. 그러니 정권이 바뀔 때마다 새 정권의 성향과 정책 방향에 촉각을 곤두세우고, 정부의 단기적 지원에 목을 매는 처지다. 이런 현실에서 권력으로부터 자유로운 대학 풍토나 미래를 위한 혁신이 가능할까. 미국 대학 위기조차 부러워하는 한국 대학의 현실이 안타깝다. 시대가 바뀌어도 인재를 길러내는 곳은 여전히 대학이고, 대학의 경쟁력은 곧 그 국가와 사회의 경쟁력이다. 세상 모든 나라는 자기들이 가진 자원을 소중하게 여기는데, 가진 자원이 인재뿐인 한국은 왜 그 인재의 보고인 대학을 소중하게 여기지 않는가.

서울대 10개 만들기 : 지역대를 국가중추대학으로

지역대를 국가중추대학으로 육성해야

지역대 몰락을 막기 위해 이재명 대통령이 내세운 '서울대 10개 만들기' 공약 실천이 기존 고등교육 체계에 어떤 영향을 미칠지, 서울대 포함 우리나라 대학들이 예의주시하고 있다. 지역대 붕괴는 지역 경제 쇠락, 인구 유출 가속화, 지역 문화 단절 등과 맞물려 있기에 그 해결책을 찾는 것은 당연하다. 사립대는 주인이 있어 국가가 관여할 수 있는 폭이 좁으니, 국립대를 중심으로 지역대 몰락 위기를 해결하는 것은 자연스럽다.

세계 대학 평가 기관 QS가 발표한 2025년 세계 대학 순위에서 우리나라 지역 국립대는 단 한 곳도 100위권 안에 들지 못했다. 세계 10위권 경제 강국 대한민국에 서울대급 경쟁력을 갖춘 대학이 지역에 하나도 없다는 것이니 이는 분명 문제다. '서울대 10개 만들기' 공약이 여론의 주목을 더

받는 까닭이다. 하지만 이 정책을 수행하기 전에 몇 가지 선결 조건과 그 성공 모습을 따져보는 것은 중요하다. 단순히 지역대 9개를 지정하여 국가 재정을 파격적으로 늘린다고 하여 이 정책이 성공하는 것은 아니다. 국가 재정 투입 위주의 지역대 살리기는 이미 적잖이 시도했지만 대부분 실패했다. 따라서 이번 정책을 성공하려면 이전과 크게 달라야 한다.

첫째, 지역대를 그저 '지역거점' 대학이 아닌, '국가중추대학'으로 육성하겠다는 목표를 분명히 해야 한다. 세계 10위권 경제력을 갖춘 나라 중에 서울대급 국가중추대학이 하나만 있는 나라는 없기 때문이다. 둘째, '서울대 10개 만들기'는 중장기적 시일이 필요한 정책이다. 따라서 정권 교체와 무관하게 20~30년의 중장기적 전망을 갖고 이 정책을 일관되게 추진하겠다는 여야 정치권의 합의와 대국민 약속, 시민사회의 일관된 협조가 필요하다. 셋째, 부 · 울 · 경과 대구 · 경북, 광주 · 전남, 전주 · 전북, 충남 · 대전의 통합이 성사돼 대단위 행정구역이 출현해야 한다. 신장된 한국의 국력을 제대로 뒷받침하고 국가의 균형 발전을 일궈내기 위해서, 또한 AI 시대를 온전히 이끌기 위해서는 서울대급 국가중추대학이 지역에 적어도 2~3곳 이상이 필요한데, 대단위 행정구역이 있을 때 그 시너지가 가성비 높게 구현될 수 있기 때문이다. 넷째, 우수한 학생들이 지역 국립대에 집중

될 수 있도록 학부와 대학원의 등록금 폐지, 학생기숙사 건립과 무상 제공, 탁월한 교수 자원의 획기적 증원, 지자체와 대기업의 지역 인재 우선선발 제도 확대 개편 등의 파격적 조치가 필요하다.

지역에 서울대급 국가중추대학 2~3곳 육성하자

지역대 생존위기를 걱정하는 목소리가 분출하고 있다. 지역대의 몰락이 지역 경제의 붕괴, 지역 문화의 단절, 인구 유출의 가속화 등 지방 몰락의 방아쇠가 될 수 있다는 경종도 울렸다. 지금이라도 국가가 문제 해결을 위해 즉각 행동에 나서야 한다. 사립대는 설립자가 존재하기 때문에 국가가 마음대로 관여할 수도 없고 관여해서도 안 된다. 따라서 국가는 지역 국립대 붕괴 위기부터 해결해야 한다. 국립대 존립과 번영에 대한 궁극적 책임은 국가에 있기 때문이다. 지금의 국립대는 의사결정 과정이 상당히 관료화·보수화돼 있어 위기 타개책을 적시에 내놓기 어렵다는 저간의 현실도 고려해야 한다. 다만 대학의 자율성을 국가가 훼손해서는 안 된다는 전제가 있어야 한다.

무엇보다 먼저 국가는 지역 국립대를 재편해 '국가중추대학core university'을 만들 필요가 있다. 국립대 통합 네트워크 방안 등 국립대 재편 논의가 다양하게 제시된 지는 이미 꽤 되었다. 다만 기존 논의는 '서울대 대 지역 국립대'라는 구도를 기반으로 하고 있다 보니 재편 후에도 서울대급 국가중추대학은 여전히 하나만 있게 된다는 점에서 한계가 있다. 늦었지만 지금이라도 새로운 구도를 짜야 한다. 핵심은 '지역 거점'이 아니라 '국가 중추'다. 한국처럼 세계 10위권 경제력과 국제적 문화역량을 갖춘 나라 중에서 서울대급 국가중추대학이 달랑 하나만 있는 나라는 없다. 신장된 우리 국력을 온전히 뒷받침하고 미래 지향적으로 이끌기 위해서는 서울대급 국가중추대학이 적어도 두 곳은 더 있어야 한다. 때마침 부·울·경 통합, 충남-대전 통합, 경북-대구 통합 등 거대 지자체 구축 논의가 한창이다. 통합된다면 비유컨대 서울대급 국가중추대학을 품을 만한 몸집이 갖춰진다고 할 수 있다. 이렇게 대단위 행정 구역이 만들어지면 그곳에 국가중추대학을 육성할 필요가 있다.

물론 지역 국립대 위기 타개를 위해 얼른 시행할 수 있는 조치는 그것대로 먼저 시행해야 한다. 가령 지역 국립대의 등록금을 폐지하는 방안을 고려해 봄 직하다. 이와 함께 지자체와 대기업 등이 지역 인재를 확대 선발하는 제도를 병행한다면 지역 인재 유치에 큰 도움이 될 것이다. 국립대에 양질의 기숙사를 신설하고 확충해 원하는 학생에게 무상으로 거주할 수 있게 하는 방안도 도입할 필요가 있다. 국가가 인재를 배려한다는 상징성이 있을 뿐 아니라 주거 걱정을 줄임으로써 학업에 전념할 수 있는 키운다는 점에서 효과가 기대된다. 지역 국립대의 교수 수를 획기적으로 늘릴 필요도 있다. 부족한 교수 수는 학문과 교육의 품질 저하를 초래하고, 대학 졸업 후의 제1직업 수행 역량의 저하를 초래해 결구 지역 국립대의 경쟁력을 떨어뜨린다. 지역 기반 산·학·관 협력의 부실화를 야기해 대학이 지역의 경제·문화적 거점 역할을 수행할 능력을 잃게 한다. 학과 교수 정원 확충은 기존의 국립대 교수 정원 충족률을 증가를 통해 해결할 수 있다는 점에서 적극적으로 시행해야 할 조치다.

조선시대 국가의 학문과 교육을 관장하던 홍문관의 수장 대제학은 문형文衡이라는 별칭으로도 불렸다. 문형은 '문명의 저울'이라는 뜻이다. 학문과 교육 등의 '인문人紋'은 문명을 기반으로 운영되는 국가의 저울추라는 통찰을 담고 있는 명칭이다. 거듭 강조하건대 국립대 위기 해법은 단순한 지방 거점 대학이 아니라 국가중추대학 육성이다. 중장기적 안목으로 지역 국가중추대학을 적어도 두세 곳은 구축해야 한다. 그렇게 하면 우리나라 대학은 21세기 디지털 문명 시대에도 문명의 저울 역할을 명실상부하게 수행할 수 있을 것이다.

'서울대 10개 만들기'가 드러내는 절실함

'서울대 10개 만들기'에 관한 논의가 제법 뜨겁게 벌어진다. 현직 대통령의 대선 공약이라 그럴 수 있고, 직간접적 이해 당사자가 워낙 많은 사안이라 더욱 관심이 집중되는 듯하다. 시행을 어떻게 하느냐에 따라 교육 영역뿐만 아니라 국가 전체의 미래를 좌우할 수 있는 일이니, 이번 기회에 치열하게 토론해서 생산적인 결론을 얻을 수 있기를 바란다.

'서울대 10개 만들기'의 주요 목표의 하나는 국가 성장과 지역 균형 발전의 구현이다. 한동안 국가 전체가 나아갈 방향과 성장 동력을 잃고 우왕좌왕했던 까닭에, 모처럼 제기된 국가 성장과 균형 발전의 의제를 반기는 사람들이 적지 않다. 이 계획이 시행되면 혜택을 보리라 예견되는 영역, 특히 지역에서는 긍정적으로 생각하는 이들이 많을 것이다. 그러나 여러 가지 측면으로 걱정하는 말들도 많이 들린다. 국가 대사를 불도저처럼 밀어붙이는 것이 능사가 아니고, 이런 일에는 무엇보다 전 사회적 합의와 여론의 지지가 필요하니, 걱정하는 소리에도 귀를 기울이는 것이 마땅하다.

'서울대 10개 만들기'에 관해 가장 많이 들리는 걱정은 실현이 가능하겠냐는 것이다. 그 많은 재원을 어떻게 조달하냐는 걱정은 가볍게 들을 수 없는 현실적 문제다. 설령 재원을 어찌어찌 마련하여 지원한다고 해도, 이미 한국에서 가장 많이 지원받는 서울대조차 글로벌 최고 수준에 못 미치는데, 지역 국립대들이 그런 수준으로 발돋움할 수 있겠냐는 걱정도 있다. 그래서 비현실적인 계획에 자원을 분산하지 말고 서울대 하나라도 제대로 육성하자는 주장을 하는 이도 있다. 그런 발상이 너무 엘리트 중심 사고라고 비난받을 듯하면, 서울대는 글로벌 최고 대학들과 경쟁하도록 키우고 지역 국립대에는 그 지역 특성에 맞는 역할을 나눠주자고 말을 살짝 바꾸기도 한다. 교육에 관한 근본적인 문제의식으로 '서울대 10개 만들기'를 비판하고 걱정하는 견해도 적지 않다. 지역대학 위기의 해법은 교육의 본질적 가치와 목적을 염두에 두고 찾아야 하는데, 너무 정치 공학적이고 행정 중심적 발상에 치우치는 것이 아니냐는 걱정이다. 그래서 왜 9개 국립대만 파격적으로 지원하는지, 나머지 국립대와 더 많은 수의 지역 사립대는 왜 방치하는지에 대한 문제제기도 나온다. 교육의 기본 가치와 국가 자원 배분의 형평성을 무시하는 발상이라는 것이다.

이런 걱정과 비판은 모두 나름의 일리가 있다. 그래서 재삼 살피는 것이 필요하다. 그런데 '서울대 10개 만들기'에 관한 갑론을박의 견해 중에 새로운 내용은 사실상 거의 없다. 대부분 지난 시절의 여러 시행착오를 통해 이미 알려진 내용들이고, 공약을 내세우고 추진을 준비 중인 이들도 그것을 모를 리는 없다. 걱정하는 바를 알지만, 지금의 이 극심한 지역 불균형과 국가 성장 토대의 붕괴를 방관할 수 없기에 사즉생의 심정으로 대안을 찾는 것이고, 그래서 이를 지켜보는 많은 이들도 같은 마음으로 성공을 기원하는 것이다.

'서울대 10개 만들기'가 성공하려면

필자는 과거부터 지속적으로 '서울대 10개 만들기'와 비슷한 주장을 해왔다. 그래서 이 공약이 제대로 실현되어 한국 사회를 한 단계 도약시키는 디딤돌이 되기를 진심으로 바란다. 그러나 그만큼 이 공약이 성공적으로 실현될지에 대한 걱정도 크다.

걱정은 두 가지다. 하나는 "공약 실현에 필요한 막대한 재원을 어떻게 마련할까"이고, 다른 하나는 "공룡 조직이 되어버린 서울대를 이대로 10개로 늘려도 괜찮을까"이다. 사실 해답은 걱정 안에 이미 있다. '서울대 10개 만들기'의 가장 중요한 선결 조건은 모델인 서울대를 먼저 스마트한 대학으로 혁신하여 재편하는 것이고, 그렇게 스마트해진 서울대라면 10개로 늘리는 데 재원도 덜 들고, 지역 단위로 자생력을 확보할 길도 찾을 수 있을 것이다. 즉 '서울대 10개 만들기'가 성공하는 관건은 모델인 '서울대'가 정말로 본받을 만하게 바뀌는 것이고, 그런 모델에 따라 각 지역에서 육성되는 '지역 서울대'들이 해당 지역 발전의 중추로 자리 잡는 것이다.

우리는 '서울대 10개 만들기'가 위의 선결 조건을 충족하지 못한 채로 추진되면 어떤 결과로 이어질지 잘 보여주는 사례를 이미 알고 있다. 로스쿨과 의대다. 문과생의 로스쿨, 이과생의 의대 쏠림 현상이 심해지면서, 로스쿨과 의대는 어느 곳에 있든 지역이나 속한 대학과 별개로 '명문대'가 되었다. 우수한 학생들이 이른바 '인 서울 명문대'를 마다하고 지방 주요 대학의 로스쿨과 의대에 밀물처럼 몰려들었다. 그러나 결과는 그 대학 및 해당 지역의 발전, 나아가 국가의 종합적 발전과 거리가 멀었다. 학업을 마친 학생들은 다시 썰물처럼 서울 수도권으로 빠져나갔고, 그 대학과 해당 지역의 쇠락은 오히려 더욱 빨라졌다. 해당 지역에 정착하여 미래를 설계할 수 있는 여건이 마련되지 않으면, 떠나는 인재를 잡을 수가 없다. 정부가 지방 주요 대학에 아무리 재원을 많이 투입하여 서울대에 버금가는 지원을 해도, 위의 선결 조건이 충족되지 않으면 밑 빠진 독에 물 붓기가 될 가능성이 크다.

그렇다면 모델인 서울대를 공룡 조직에서 스마트한 대학으로 혁신한다는 것을 전제로, 지역 주요 국립대를 서울대처럼 만드는 '서울대 10개 만들기'의 성공을 위해 필요한 방안은 무엇일까?

지역대에 AI 데이터센터를 설치해야

'서울대 10개 만들기'의 성공을 위해 필요한 것은 무엇일까? 그 해답은 새 정부가 제시한 공약에 이미 들어있다. 이재명 대통령은 2025년 6월 20일에 있었던 울산 AI 데이터센터 출범식에 참석하여, 울산에 건립되는 AI 데이터센터가 "지방 경제와 산업의 새로운 희망을 만들어주는 일"이 되고 "첨단기술 산업이 지방에서도 가능함을 보여주는 모범사례가 될 것"이라고 강조했다.

이는 서울대 10개 만들기와 관련하여 중요한 모멘텀이 될 수 있는 일이다. 이재명 대통령의 국민주권정부는 AI를 새로운 국가 성장 동력으로 만들겠다고 선언했는데, 그것을 울산 AI센터 설립처럼 특히 지역 발전과 연계한 것은 의미 있는 일이기 때문이다. 또한 AI 데이터센터 운영에 막대한 전력이 필요하니, 동남해안의 원전이나 전남북의 태양광 등 주요 전력 공급원이 있는 곳 근처에 데이터센터를 설치하는 것은 합리적인 일이기도 하다.

그러나 AI 데이터센터 설치만으로 지역 경제 활성화나 지역의 첨단기술 산업 발전이 자동으로 이루어지지는 않는다. 이것이 바라는 효과를 내려면 그 AI 데이터센터를 활용하여 첨단기술 산업을 실행할 주체들, 즉 기업과 인재들이 해당 지역으로 들어와서 정착하고 창업해야 하고, 그렇게 사업에 성공한 후에도 떠나지 않도록 이들을 뒷받침하는 생활과 문화의 생태계가 만들어져야 한다. 이는 매우 어려운 일 같지만, 그것을 가능하게 하는 종합 플랫폼이 있으니 바로 대학이다.

대학은 젊은 인재를 지역으로 흡인하는 종합 플랫폼

대학은 첨단기술 창업에 최적화한 젊은 인구다른 지역은 물론 심지어 해외의 인구를 끌어들이고, 새로운 기술과 콘텐츠를 공급하여 도전적 혁신의 인큐베이터가 될 수 있다. 지역 인구가 줄어드는 와중에도 해당 지역에서 문화와 소비의 구심점 역할을 한다. 심지어 주요 지역대에 모두 있는 부속 종합병원을 통해 의료 안전망도 제공한다.

젊은 세대가 지역에 정착하여 살기를 꺼려하는 가장 중요한 이유가 양질의 일자리 부족, 문화 공간 및 생활 인프라 부족, 그리고 결정적으로 아플 때 빠르게 찾아갈 종합병원 부족 등이다. 그런 점에서 지역의 주요 대학은 이런 문제를 한꺼번에 해결하는 종합 플랫폼이 될 수 있다. 각 지역에서 스마트해진 서울대급으로 지원을 받는 주요 대학의 이런 잠재력에 최신 GPU를 갖춘 AI 데이터센터가 결합한다면, 그래서 그 AI 데이터센터를 활용하는 기업이 해당 지역에 들어오고, 그 대학에서 배출된 인재들이 지역에서 적극적으로 신기술 창업에도 나서는 선순환이 이루어진다면, AI는 진정으로 지방 경제와 산업의 희망이 될 것이다.

이러한 희망을 실현하려면 각 지역과 대학에 구체적으로 무슨 지원이 필요할까? 우선 지역의 전력 공급원과 AI 데이터센터, 지역 중심 대학을 연결할 전력망이 정비되어야 한다. 국토 전체의 전력망이 부족해서 지방에서 생산된 전기가 서울 수도권에 안정적으로 공급되지 못하는 것이 문제지만, 지역 차원의 안정적 전력망 구축도 시급히 해결되어야 한다. 그리고 AI 데이터센터를 설치하는 데 그치지 말고, 지역 차원에서 양질의 데이터를 축적하여 활용할 방안을 찾아야 한다. 새로운 데이터 축적과 기존 데이터를 활용한 사업화를 가로막는 불합리한 규제가 있다면 서둘러 정비해야 한다. 국내에 최신 GPU가 부족하다고 질타하는 뉴스가 자주 보도되었는데, 이미 있는 GPU를 제대로 활용하지 못한다는 뉴스도 보도되었다. 비싸게 투자해서 지방에 AI 데이터센터를 지어놓고 이를 해당 지역의 중심 대학, 기업, 인재들이 자유롭게 쓸 수 없게 하는 관료적 폐단이 있다면 적극적으로 타파해야 한다. 철저하게 수요자의 시각에서 보는 마인드가 필요하다.

청년세대가 '지역 서울대'를 나와서 그 대학 근처에 정착하고 창업하여 지역 경제 발전의 주축이 되게 하려면, 생활과 문화의 수요도 해결해 주어야 한다. 결혼해 아이 낳고 키우며 안정적으로 살 수 있도록 그 지역에 양질의 장기 임대주택을 공급하는 일, 대학 캠퍼스와 그 주변을 서울 대학로처럼 공연장과 전시장이 밀집한 종합 문화 공간으로 정비하는 일 등도 생각해 볼만하다. '서울대 10개 만들기'에 가장 필요한 것은 물론 돈이지만, 돈만으로 이 계획의 성공이 보장되지는 않는다. 그 어느 때보다도 창조적이고 유연한 발상, 그리고 정부 여러 부처의 협력이 필요하다. 이는 교육부만의 일이 절대 아니다.

지역대학이 서울 · 수도권과 공평하게 경쟁할 수 있어야

지난 시절 여러 정권을 거치면서 교육체제를 혁신하고 지역의 대학을 육성하는 사업에 꽤 많은 돈을 쏟아 부었다. 그러나 그 결과가 성공적이라고 여기는 이들은 거의 없다. 오히려 돈을 쏟아 부을수록 상황은 더욱 나빠지기도 했다. '서울대 10개 만들기'에 대한 걱정도 어떤 면에서는 이런 아픈 경험에 따른 자연스러운 반응이다.

그런데 여기서 간과되는 점이 하나 있다. 과거 시행착오의 원인을 찬찬히 짚어보면, 결국은 뿌리 깊은 서울 · 수도권 중심의 발상이 그런 실패를 피할 수 없게 만든 근본 원인이었다는 점이다. 모든 자원과 인재와 기회를 서울 · 수도권이 블랙홀처럼 다 빨아들이는데, 국가의 시스템 전체가 그것을 당연한 듯 방치하면서 지역에 선심 쓰듯이 예산 좀 던져주고 책임을 모두 전가한 것이 지금까지 우리 현실이었다. 서울 · 수도권 대학들은 지역의 그런 현실에 눈을 감았고, 정부는 지역대학에 예산을 지원하면서 한정된 역할을 할당하고 일방적인 구조조정을 요구했다.

'서울대 10개 만들기'에 대해 실현 가능성을 문제 삼는 이들은 어떤 점에서는 여전히 이런 뿌리 깊은 서울 · 수도권 중심주의를 벗어나지 못하는 셈이다. 차라리 서울대나 서울 소재의 이른바 명문대에 자원을 집중하여 글로벌 최고 경쟁력을 갖는 대학으로 키우자는 말은 얼핏 현실적이고 매력적으로 들린다. 그러나 이는 대한민국이 싱가포르나 홍콩처럼 도시국가가 될 때나 가능한 일이다. 전국의 인구를 서울 · 수도권으로 집중시킬 수 있을까. 이는 효율만으로 평가할 수 없는 우리 사회의 공생 공존의 가치를 무시하는 발상이고, 심지어 엄청난 사회적 비용을 유발하므로 효율적이지도 않다.

역설적인 말처럼 들리지만, '서울대 10개 만들기'가 지역과 지역대학만을 살리겠다는 계획이어서는 안 된다. 누가 지역과 지역대학의 생사를 결정할 권한이 있단 말인가. 그런 식으로 생각하는 것도 전형적인 서울 · 수도권 중심의 발상이다. 중요한 것은 지역과 지역대학이 서울 · 수도권과 공평하게 경쟁할 수 있는 기회를 확보하게 하는 것이고, 정부의 역할은 그것이 가능하도록 충분한 인프라를 제공하는 것이다. 지역과 지역대학이 어떤 역량을 육성하여 어떻게 미래를 설계할지는 그런 인프라 위에서 스스로 결정할 일이다. 중앙이 예산을 무기로 지역의 역할을 일일이 할당하는 것은 AI가 사회 시스템을 뒤바꾸는 지식경제 시대에 전혀 맞지 않는다.

지역은 지금까지 공평한 경쟁의 기회를 얻은 적이 없다. 그런데 마침 AI가 국토의 어디에 위치하든 공평한 경쟁의 기회를 제공할 수 있는 인프라로 등장했다. 정부가 '서울대 10개 만들기'를 추진하는 의도를 적극적으로 해석하면, 그런 AI 인프라를 지역 거점 국립대에도 집중적으로 제공해 공평하게 경쟁할 기회를 마련하겠다는 것으로 보인다. 지역의 풍부한 전력 자원과 AI 인프라, 그리고 대학을 중심으로 한 사회문화적 인프라까지 결합한다면, 그나마 서울 · 수도권과 엇비슷하게 경쟁을 해볼 수 있다. 지역과 지역대학은 무조건 살려달라고 한 적이 없다. 항상 원하는 것은 공평한 기회였고, 그것을 가능케 하는 인프라였다. '서울대 10개 만들기'를 서울 · 수도권 중심의 이기적인 시각으로 보지 말아야 하는 이유다. 더구나 국민 모두 한마음으로 절실하게 달려들어도 성공하기 쉽지 않은 일이니 말이다.

대학 위기 극복을 위한 제언

대학을 직격하는 인구 절벽

지난 코로나19 팬데믹 같은 재난이 과연 우리 사회의 가장 큰 재난일까? 물론 당시 전 세계가 코로나19 팬데믹으로 짧지 않은 기간 동안 고통을 겪었다. 그런데 범위를 우리나라로 좁히면, 우리 사회가 직면한 인구 절벽이라는 재난에 비하면 코로나19 팬데믹 같은 재난은 오히려 심각성이 덜하지 않을까도 싶다.

물론 코로나19 팬데믹 때문에 많은 분들이 돌아가시고 국가경제가 바닥없는 침체의 늪에 빠졌지만, 전 세계의 본이 될 정도로 온 국민이 현명하고도 효율적으로 대처하여 우리 사회는 다시 정상궤도로 돌아왔다. 그러나 우리 목하 진행 중인 인구 절벽은 시간이 지날수록 가속도가 붙어서 악화되고, 공동체의 소멸 나아가 국가의 소멸이라는 절망적인 미래를 불러올 것으로 전망된다. 더욱 두려운 것은, 인구 절벽이라는 재난은 그것이 현실이 된 순간에도 자각 증세가 별로 없다는 점이다. 통계청 발표에 따르면 2020년에 출생보다 사망이 많아서 인구가 자연 감소하는 이른바 '데드 크로스'가 일어났지만, 현실에서 이 때문에 자기 삶이 직접적으로 위협받는다고 느끼는 사람은 많지 않다. 어쩌면 발밑의 땅이 다 꺼지는 순간까지도 의식하지 못할 수 있다.

그나마 인구 절벽을 가장 먼저 실감하는 곳은 교육현장, 특히 대학이다. 2021년 각 지역을 대표하는 주요 대학들까지 정원을 채우지 못하는 일이 벌어지면서, 조만간 상당수 대학의 폐교가 예고되고 있다. 대학이 문을 닫는 것은 그 지역 경제의 붕괴와 지역 사회의 와해를 의미한다. 또한 대학이 지역 문화의 구심점 역할을 해왔다는 점을 감안하면, 대학의 폐쇄는 지역 문화의 단절로 이어진다고 할 수 있다. 이는 지역만의 문제가 아니다. 학술과 교육의 지역 기층 구조가 무너져서 지역이 황폐해지면, 사실상 섬처럼 고립된 서울 수도권이라고 무사할 리 없다. 그러면 우리 사회의 인재양성 시스템 전체가 붕괴된다.

현대판 '빈공과賓貢科'를 상상하자

인구 절벽에 임해 정부가 팔짱끼고 구경만 하고 있었던 것은 아니다. 역대 정부는 지난 십 수 년 동안 200조 원이 넘는 돈을 쏟아 부었다. 그러나 해결의 기미가 보이기는커녕 갈수록 상황이 나빠지고 있다. 안정적인 취업과 내 집 마련이 하늘의 별따기라서 생존을 위해 결혼, 출산, 육아를 포기하는 젊은 세대에게 어떤 유인책을 쓰더라도 백약이 무효일 수밖에 없다.

인구 절벽은 역설적이게도 각 개인의 지극히 합리적인 선택이 모여 만들어진 최악의 결과다. 게다가 이미 태어난 아이들도 제대로 지켜주고 잘 성장시키지 못하면서 아이를 더 낳으라고 하는 것은 염치없는 일이다. 변변한 자원이 나지 않는 우리나라를 오늘날처럼 발전시킨 가장 중요한 자산이 인적 자원인데, 이 인적 자원을 늘리는 일이 더 이상 쉽지 않다면, 이미 있는 자원을 더욱 귀중하게 여기는 사회적 노력이 필요하다. 인적 자원을 제일 흔하게 여기는 시대를 끝내야 한다.

인적 자원이 정말 필요하고 중요한 자원이라면 내부에서만 찾아서는 안 된다. 동서고금을 막론하고 번영을 누린 국가들의 공통된 특징은 출신 지역을 따지지 않고 널리 인재를 구했다는 것이다. 대제국을 건설한 당나라는 문호를 넓혀 주변국의 인재들까지 적극적으로 등용했다. 신라의 인재 최치원은 18살에 당나라가 외국인을 위해 실시한 과거인 빈공과賓貢科에 합격하여, 29살에 신라로 돌아올 때까지 당나라를 위해 봉사했다. 오늘날 미국이 세계 최강국의 위상을 유지하는 힘은 해외에서 끊임없이 유입되는 인재들에게서 나온다. 미국 정부는 영주권이나 시민권 부여 제도를 활용하여 해외의 우수한 인재를 끌어들이고, 대학은 장학금 제도를 통해 개발도상국의 첨단기술 인력을 유치한다. 나사

[NASA]나 실리콘밸리는 해외에서 유입된 고급 두뇌들이 움직인다고 해도 과언이 아니다. 우리 사회도 발상을 전환하여 해외 고급 인재를 귀하게 여기고 적극적으로 끌어안는 노력을 할 때가 되었다.

마침 한류와 케이[K]방역 등 달라진 한국의 위상 때문에 해외 고급 인재들이 한국에 와서 공부하고 정착하는 데 호감을 느낄 여건이 마련되었다. 이때 해외 고급 인재를 유치할 현대판 '반공과'를 진지하게 상상할 때다.

다르게 상상하기의 소산 '케데헌 신드롬'

K팝 소재 애니메이션 영화 <케이팝 데몬 헌터스> 열풍, 이른바 '케데헌 신드롬'이 예사롭지 않다. OST '골든'이 미국 빌보드 메인 싱글차트인 '핫 100'의 1위를 차지했고, 나머지 OST들도 상위권을 장악했다. 영국 팝 차트에서도 여러 주 연속 1위를 차지하여, 세계 양대 음악시장을 석권했다. OST로 공전의 히트를 기록한 애니메이션 영화 <겨울왕국>을 넘어섰다는 평가다. 넷플릭스로 공개된 <케데헌>은 OTT 글로벌 영화 시청 순위도 실사영화까지 통틀어 역대 1위를 차지했다. <오징어게임>에 이어 다시 한류의 '뜨거운 맛'을 본 넷플릭스는 서둘러 속편을 준비한다고 한다.

기대를 크게 뛰어넘는 케데헌 신드롬에 한국 사회도 놀라고 있다. 해외 관광객이 몰려와서 국립중앙박물관을 가득 메우고, 박물관 소장 유물을 모방한 '뮷즈[뮤지엄+굿즈]'들이 출시하자마자 품절되는 초유의 상황이 벌어진다. <케데헌>에 배경으로 나온 남산 타워와 낙산공원 등에는 인증샷을 찍으려는 인파가 끊이지 않는다. 그동안 BTS 등 K팝 아이돌, <기생충>과 <오징어게임> 등 한류 콘텐츠의 글로벌 인기에 어느 정도 익숙해졌다고 생각했는데, 이번 케데헌 신드롬에는 이전과 다른 파장이 느껴진다. <케데헌>에 세계가 이렇게 열광하는 이유를 어떻게 해석해야 할까.

전문가들과 언론이 다양한 설명을 내놓지만, 필자가 가장 주목하는 것은 <케데헌>이 그동안 우리가 관성적으로 바라보던 한국 문화를 다른 시각으로 포착했다는 점이다. 즉 우리는 삶의 일부로 익숙하게 받아들여도 외국인들은 별 관심이 없으리라 여겼던 우리 전통문화에서 세련된 감각과 글로벌한 가치를 찾아냈다는 것이다.

진정한 개방이 대학의 미래

우리의 전통문화에 대한 감각을 비틀어서 새로운 시각으로 볼 수 있게 한 데는 감독 포함 주요 제작진으로 참여

한 교포들의 공이 절대적으로 크다. 교포들은 전통과 현대, 지역성과 세계성을 연결하여 세계의 관객이 몰입할 수 있는 보편적인 이야기를 만들어냈다. 가장 한국적인 소재에서 가장 글로벌한 공감대를 찾아낼 수 있었던 것은 교포들이 가진 독특한 디아스포라적 감각 덕분이다.

교포들이 한국 문화 세계화를 이끄는 주역이 될 수 있음을 보여준 이번 케데헌 신드롬은 우리에게 많은 생각할 거리와 교훈을 남겨준다. 그동안 미주 교포에 대한 우리의 인식은 '검은 머리 외국인'이라는 배타적 선입견에서 벗어나지 않았다. 중국 교포에 대해서도 부정적 선입견이 없었다고 말하기 어렵다. 이념 대립이 심했던 시기에 일본 교포들이 겪었던 고초는 다 말하기도 힘들다. 그렇게 된 책임 소재를 지금에 와서 따지는 것은 무의미하고, 중요한 것은 한국이 이제 해외의 교포를 개방적으로 포용하고 미래를 함께 만들어갈 소중한 인재로 받아들일 만큼 크고 성숙한 나라가 되었다는 점이다. 교포뿐만 아니라 외국의 인재들에게도 개방적으로 문을 열고 그들을 포용할 수 있을 만큼 한국은 어느새 글로벌한 매력이 있는 나라가 되었다. 케데헌 신드롬은 그렇게 한국이 글로벌 매력 국가가 되었음을 확인해 주는 분기점이다.

그러나 안타깝게도 외국 인재를 대하는 한국의 태도는 여전히 답답하다. 각 대학은 줄어드는 내국인 입학생을 대체하는 등록금 벌이의 대상으로 여기고, 정부나 사회 일각에서는 편하게 부릴 수 있는 저임금 노동력으로만 생각한다. K팝과 한류의 매력에 심취하여 찾아오는 각국 청년들을 뜨내기 일회성 관광객처럼 대접하는 사례도 비일비재하다. 그렇게 찾아오는 청년들 가운데 적지 않은 수가 한국에서 공부하고 정착할 생각까지 하는데, 우리는 그들을 받아들이고 안착시킬 준비가 아직 부족하다. 세계 최고 수준의 사회 인프라와 행정 시스템, 모든 나라가 부러워하는 안전한 치안, 게다가 매력적인 문화까지 갖췄지만 개방이 우리의 미래라는 인식의 전환은 아직 부족하다.

개방적 시스템으로 글로벌 인재 유입해야

남한 인구의 3분의 1밖에 되지 않는 네덜란드는 17세기에 스페인에 이어 세계를 호령하는 나라가 되었다. 영국, 프랑스, 독일, 스페인 같은 강대국들 틈에서 이루어낸 성과다. 여러 원인이 있지만, 국내 인재의 해외 진출을 장려하고 해외 인재를 개방적으로 포용한 것이 중요한 동력이 되었음은 주지의 사실이다. 그리고 계몽사상과 예술적 번영 같은 문화적 매력이 있었다.

케데헌 신드롬이 보여주듯이, 지금 한국은 당시 네덜란

드보다 해외 인재를 포용하기에 더 좋은 조건이다. 그렇다면 지금 한국이 당시 네덜란드보다 더 개방적인 나라가 되지 못할 이유가 없다. 미국에서는 트럼프 대통령의 정치적 리스크로 인해 글로벌 인재들이 탈출하는데, 이들이 한국에 들어오도록 유도할 길을 적극적으로 찾아야 하지 않을까. 인구가 줄어든다고 한탄하고, AI와 첨단 기술 인재가 부족하다고 하소연만 할 것이 아니라, 이런 글로벌 인재들이 한국에 와서 공부하고 창업하도록 개방적 시스템을 적극적으로 구축해야 하지 않을까.

<케데헌>이 크게 성공했어도 이익은 넷플릭스가 다 챙겼는데 우리가 좋을 것이 뭐냐는 말은 제발 하지 말자. 케데헌 신드롬이 우리에게 가져다준 것이 정말 보이지 않는단 말인가.

제3부

과학기술이 대학의 중추인 까닭은?

지식, 그 자체가 또한 힘이기 때문이다.

Nam et ipsa scientia potentia est.

– 프란시스 베이컨Francis Bacon, 1561-1626, 「이단에 대하여De haerese」, 『성스러운 명상Meditationes Sacrae』(1597).

인간, 자연의 일꾼이자 해석자인 그는 자연의 질서에 대해서 정신 혹은 사물에 대한 관찰을 통해서 관찰할 수 있는 만큼, 자연의 질서에 대해서 그 만큼만을 이해하고 제작한다.

– 프란시스 베이컨, 「경구들」, 『학문의 새로운 도구Novum Organon Scientiarum』(1620).

1990년대 이후, 한국사회와 세계경제는 대학들로 하여금 현재의 지식 전수만으로는 세계일류대학이 되기 어렵고, 생산적인 노동력을 산출하기조차 어렵다는 사실을 깨닫게 해주었다. 최근 수년 동안 한국에서는 한국의 대학들이 '새로운' 지식을 창출하는 학문적 환경을 적극적으로 만들고 있지 않다는 비판이 사회 각 부문에서 터져 나오고 있다. 현대사회는 정보를 모으는 구조를 시스템화함으로써 방대한 지식을 산출해낼 수 있다. 오늘날 정보사회에서는 새로운 지식의 수명이 불과 몇 달, 혹은 몇 년 밖에 가지 못한다. 바로 그러한 놀랄 만한 변화와 과학기술혁명 때문에 한국의 대학들은 혁신적이고 효과적이어야만 하며, 유연하고 확대된 비전을 가져야만 한다.

– 2003년 7월 7일에 열린 Oxford Round Table에서 행한 서울대학교 제22대 정운찬 총장의 연설 중에서.

'실패 연구' 풍토를 만들자

인류 문명사는 도전과 실패의 역사

인간이 문명을 발전시켜 온 역사는 곧 실패의 역사다. 인류가 겪었던 수많은 시행착오와 실패가 없었다면 우리는 한 걸음도 나아가지 못했을 것이다. 실패했다는 것은 곧 도전했다는 뜻이다. 굳이 거창한 발명이나 대단한 진보를 예로 들 필요 없이, 세계에서 가장 다채로운 먹거리를 자랑하는 한국인의 밥상도 우리 조상의 끝없는 도전과 실패의 산물이다. 독성이 강한 버섯류, 고사리, 두릅에 복어까지 서구인들이 보기에 기이한 온갖 식재료가 한국인 밥상에 올라오기까지 얼마나 많은 도전과 실패가 있었겠는가. 그러한 실패가 없었다면 오늘날 우리 밥상은 얼마나 단조로웠겠는가.

1896년 8월 9일, 독일의 기술자인 오토 릴리엔탈은 자신이 만든 글라이더를 타고 네 번째 시험 비행을 시도하다가 추락해 다음 날 사망했다. 48년 생애 내내 하늘을 나는 꿈을 꾸었던 그는 새가 하늘을 나는 모습을 오랫동안 관찰하고 세계 최초로 글라이더를 만들어 꿈을 실현했으나, 한 단계 더 도약하려다 실패하고 소중한 생명을 대가로 바쳤다. 그러나 그의 실패는 라이트 형제에게 큰 자극이 됐고, 인류는 마침내 동력 비행기를 만들어서 하늘을 날게 되었다. 오토 릴리엔탈의 실패는 위대한 도전에 따른 위대한 실패였고, 오늘날 중력을 이겨내고 지구 어디로든 마음껏 비행하게 된 인류는 오토 릴리엔탈을 실패자로 여기지 않는다.

오토 릴리엔탈과 라이트 형제가 실현한 하늘을 나는 꿈에 이어 중력을 거스르려는 인류의 두 번째 꿈인 우주 탐사도 실패를 쌓아서 실현해 왔다. 미국과 소련이 우주개발 경쟁을 펼치던 1950~90년대에 양국은 각각 200번에 가까운 실패를 겪었고, 그 과정에 많은 아까운 인명이 희생되었다. 도전하지 않았다면 없었을 실패고 희생이다. 미국은 1967년 아폴로 1호 발사를 준비하다가 세 명의 우주인을 잃었다. NASA는 충격에 휩싸였고 달 탐사 프로젝트는 중단 압력에 시달렸지만, 실패를 철저히 분석하고 개선해 1969년에 마침내 아폴로 11호로 인류를 달에 보내는 데 성공했다. 달 위에 남은 인간의 첫 발자국은 '실패를 두려워하지 않은 자들'의 발자국이었다.

우주발사체 누리호 성공도
실패의 두려움 이겨낸 쾌거

2025년 11월, 4차 발사에 성공한 대한민국 독자 개발 우주발사체 누리호도 크고 작은 무수한 실패의 산물이다.

1993년 한국형 과학 관측 로켓 KSR 1호 발사 성공 이후 과감하게 도전한 우주발사체 나로호 개발은 2009년과 2010년 두 번의 발사 실패와 무수한 발사 연기를 겪어야 했다. 그 과정에서 연구원 전체가 연봉이 삭감되고 자칫하면 프로젝트가 사라질 위기에 처했으나 모진 고통을 이겨내고 마침내 발사에 성공해 그것이 독자 우주발사체 누리호 개발로 이어졌다. 대한민국 우주기술의 첫 발자국 역시 실패를 두려워하지 않는 이들의 것이었다.

실패는 창의성의 뿌리고, 과학기술의 동반자다. 전구를 발명한 에디슨은 1만 번의 실패를 어떻게 견뎠냐는 기자의 질문에 “나는 실패한 것이 아니라 전구가 작동하지 않는 1만 가지 방법을 알아냈다”라고 대답했다. 막막한 대양에서 새로운 항로를 개척하는 이들은 먼저 떠난 이들이 시행착오로 알려준 위험을 피해서 길을 연다. 실패는 성공으로 가는 가장 확실한 지도라는 뜻이다.

실패를 권장하는 사회를 만들자

그러나 언제부터인가 한국 사회에는 ‘실패는 곧 낙오’라는 인식이 깊게 스며들었다. 사회 전체가 실패를 두려워해 신세계를 열어줄 새로운 항로를 개척하기보다는 실패하지 않을 안전한 길을 따라가려는 분위기에 사로잡혀 있다. 그러니 불확실함을 감수하고 과감하게 도전하는 것을 어리석게 여긴다. 젊은 세대조차 꿈이나 이상보다는 검증된 진로를 선택하여 의대나 로스쿨 진학에 매진한다. 그래서 개도국 중 거의 유일하게 선진국 반열에 들어선 대한민국의 오늘을 가능케 한 과감한 도전과 실패의 역사가 막을 내리는 것이 아닌가 하는 두려움이 밀려온다.

과학기술 분야에서 나타나는 현실을 보면 이런 걱정은 기우가 아니다. 장기적 안목과 투자가 필요한 연구는 시도하기 어렵고, 시도하더라도 한국형 우주발사체 개발에서 보듯이 줄곧 힘겹게 존재 가치를 입증해야 한다. 그러니 단기적 성과로 입증이 가능한 시도만 늘어날 수밖에 없다. 나중에 책임지지 않을 근거를 만들려고 논문 수나 특허 건수 같은 양적 척도를 중심으로 평가하는 관료적 분위기는 긴 호흡의 창의적 연구를 고사시킨다. 기초과학이나 원천기술 분야의 연구가 실패를 두려워하면 어떤 모양새가 되겠는가.

과학기술 연구자들에게 실패할 자유를 주자

한국의 과학기술 R&D 과제 성공률이 90%를 훌쩍 넘는다는 말 때문에 논란이 있었다. 실패하지 않고 성과 내기 좋은 단기 과제 위주로 지원된다는 비판이 줄곧 뒤따랐다. 얼마 전 이재명 대통령도 이런 점을 지적하며 연구자들에게 실패할 자유를 주겠다고 했는데, R&D 성공률을 계산하는 통계가 없으니 잘못된 정보를 근거로 과학계를 비판하는 것이라는 반론이 일부에서 제기되었다.

비판의 근거가 정확해야 한다는 취지는 귀 기울일 만하지만, 2019년 KBS에도 "R&D 성공률 99.5%, 사업화는 20%"라는 기사가 보도됐듯 이는 오래전부터 지적돼 온 문제였다. 실패를 용인하지 않는 사회 분위기가 과학기술계를 위축시켜 실패를 두려워하게 만든다는 것은 부인할 수 없는 사실이다.

과학기술계든 젊은 세대든 그들이 실패를 두려워하는 것을 탓하기 전에 그렇게 되도록 만든 사회 분위기를 되돌아보자. 실패하면 재기할 기회조차 주지 않는 사회에서 무슨 도전을 시도하란 말인가. 실패를 용인하는 사회를 넘어서 실패를 권장하는 사회를 만들자. 혁신은 도전과 실패를 먹고 자란다.

자생력 강한 토종 학술생태계를 건설하자

세계 최고의 기초과학 인프라와 학술생태계가 미국 힘의 원천

2023년 노벨 생리의학상을 수상한 헝가리 태생 커리코 박사는 평생의 과업인 mRNA 연구를 제대로 수행하려고 미국으로 건너가 고생 끝에 펜실베이니아대학 교수직을 얻었다. 하지만 학문적으로 주목받지 못하고 성과도 금방 나오지 않는 mRNA 연구에 몰두하는 그에게 대학은 관용을 무한정 베풀지 않았다. 10여 년 동안 성과를 내지 못하자 그는 교수직을 잃고 연구원으로 강등됐고, 연봉도 절반으로 삭감됐다. 보통 이럴 경우 학계에서는 수모를 못 견디고 사직한다. 하지만 그는 연구를 제대로 할 수 있는 인프라가 갖춰진 펜실베니아대학에 남는 길을 택했다. 그의 바람막이를 자임한 사람이 이번에 노벨상 공동 수상자인 와이스만 교수였다.

이런 커리코 박사의 인간승리 이야기는 영화로 만들어도 좋을 만큼 극적이다. 사람들은 그의 강인한 의지와 노력에 찬사를 보내지만, 그의 성공담을 가능하게 만든 중요한 배경은 간과한다. 만약 펜실베이니아대학의 튼튼한 연구 인프라가 없었다면 애초 그의 이야기가 가능했을까. 그의 이야기에서 야박하게 교수직을 박탈하고 연봉을 깎은 대학은 성공한 영웅을 위한 악역으로 등장한다. 하지만 더 중요한 점은 그가 그렇게 불리한 점을 감수하고도 대학에 남는 길을 택했다는 것이다. 즉, 그의 이야기에서 또 다른 주인공은 그런 신데렐라를 가능하게 한 미국 대학의 연구 인프라다. 펜실베이니아대학이 10여 년 동안 성과를 못 내는 커리코 박사를 교수로 남겨서 이런 결과를 얻었다면 이야기는 더 아름다웠겠지만, 그것은 현실과 동떨어진 신파 소설이다.

미국의 대학은 신파가 아니라 튼튼한 연구 인프라로 세계의 인재를 끌어 모은다. 세계 최고의 기초과학 인프라와 학술 생태계가 오늘날 미국의 힘의 원천이다. 그러니 교수에서 연구원으로 강등돼도 그 인프라에 남는 길을 택하고, 거기서 다시 기회를 얻어 연구를 계속한다. '패자 부활전'이 가능한 것이다. 인류가 코로나와 싸워 지지 않은 것도 이런 인프라 덕분이다.

'노벨상 후진국' 언제까지 방치할 것인가

해마다 가을이 되면 노벨상 수상자 발표가 관심을 끈다. 모든 수상자가 화제이지만, 2023년에는 헝가리 출신 커탈린 커리코[68] 박사는 영화처럼 극적인 삶으로 특히 주목받았다. 생명공학 기업 바이오앤테크 수석부사장으로 재직 중인 그는 미국 펜실베이니아대학 드루 와이스먼[64] 교수와 함께 생리의학상 공동 수상자로 선정됐다. 코로나19 바이러스에 대항하는 인류의 무기인 mRNA 백신의 핵심 기술을 개발한 공로다. 보수적인 노벨상 위원회가 mRNA처럼 개발이 진행 중인 기술에 상을 준 점도 이례적이지만, 세간의 기준으로 보면 변변한 경력이 없는 인물이 주인공이라는 점도 흥미롭다. 헝가리 태생의 커리코 박사는 대학생 시절부터 이후 평생의 과업이 된 이 분야에 관심을 가졌다. 헝가리는 과학 분야에서만 노벨상 수상자를 9명이나 배출했다.

한국의 현실은 어떤가. 말로는 모두 연구 인프라의 중요성을 역설하지만, 제대로 실천하는지는 의문이다. 지난날 넉넉하지 않은 국가 연구비 예산에서 3조 4,000억 원이 삭감돼도 정책 담당자도 정치권도 심각하게 여기지 않았다. 그러면서도 한국에서 노벨상이 나오지 않는다고 성토한다. 노벨상을 만드는 것은 커리코 박사처럼 10여 년 간 성과 없이 한 우물을 파도 품어주는 인프라인데, 나무에 열린 열매만 볼 뿐 그것을 키워낸 땅과 농부의 숨은 노력은 생각하지 않는다. 한국에는 커리코 박사 같은 '불량 연구자'가 뿌리 내릴 곳이 없다. 유능한 젊은 연구자가 기초과학 연구에 매진하는 '어리석은 모험'을 왜 하겠는가. 한국은 '노벨상 후진국'이다. 노벨상을 못 타서 후진국이 아니라, 노벨상을 탈 만한 인재를 고사시키니 후진국이라는 것이다. 우리 인재는 물론 타국 인재까지 끌어들여 품는 연구 인프라를 만드는 것이 정말로 불가능한 일인지를 한국에게 커리코 박사의 노벨상 수상은 강력하게 되묻고 있다.

우리나라 학술생태계는 불임 수준

2025년 10월 발표된 노벨상 수상자 명단에 일본인 두 명이 이름을 올렸다. 생리의학상을 받은 오사카대학의 사카구치 시몬과 화학상을 받은 교토대학의 기타가와 스스무다. 일본인이 노벨상을 한해에 두 명 이상 수상한 것이 벌써 다섯 번째다. 일본 노벨상 수상자 31명 중 과학 분야만 27명이다. 일본이 과학 분야에서 다수의 수상자를 배출한 것이 부러운 것은 단지 그 수가 많아서가 아니다. 그중 상당수가 일본 스스로 양성한 토종 연구자라는 점 때문이다. 2025년 수상자 두 사람도 모두 교토대학에서 박사 학위를 받고 일본에서 오랫동안 활동해 왔다. 그만큼 일본은 국내 학문 기반이 튼튼하고, 굳이 미국이나 유럽에 유학하지 않아도 세계에서 인정받는 연구 성과를 낼 수 있다는 믿음이 있다. 정부와 대학과 기업과 사회가 협력하여 형성한 자생력 있는 학문 생태계가 뒷받침하기 때문에 가능한 일이다.

한국인 중에도 이공계에 뛰어난 연구자들이 많다. 그런

데 이들 중 대부분은 외국, 특히 미국에서 유학했고, 박사 학위를 받은 후 가능하다면 미국에 남는 길을 택한다. 귀국해서 국내 대학이나 연구기관에 자리를 잡은 이들도 자기 제자가 유학을 떠난다면 적극적으로 말리지 않는다. 유학이 최신 연구 성과를 받아들이는 데 도움이 되어서이기도 하지만, 한국 대학과 사회 전반의 이공계 연구 및 교육 인프라가 부실하고 토종 연구자에 대한 국내 대학의 인식과 대우가 박하다고 보기 때문이다. 그러다 보니 국내 대학은 점점 더 스스로 학문 후속세대를 온전하게 양성하기 어렵게 되었다. 대학이 후속세대를 자체로 온전하게 길러내지 못하니 자생력 있는 학문 생태계 구축은 요원하다. 한국의 대학은 조금 과하게 비유하자면 불임에 가까운 상태인 셈이다. 그동안 정부가 두뇌한국[BK]사업 등을 통해 수조 원의 예산을 투입하여 특성화한 연구 중심 대학을 육성하려고 애썼고, 그 성과가 완전히 무의미하다고 볼 수는 없다. 그러나 그런 노력을 무색하게 할 만큼 한국 대학의 분위기는 무기력하고 냉소적이다.

자생력을 갖춘 토종 학술생태계를 구축해야

요즘 한국 대학은 무기력하고 냉소적이다. 이를 한국 대학 구성원들의 잘못으로만 돌려서는 안 된다. 무기력과 냉소는 오랜 경험을 통한 학습의 산물이기 때문이다. 세계 어느 곳과 비교해도 한국 대학처럼 교수들이 교육과 연구 이외에 행정 업무에 매달리는 경우는 찾기 어렵다. 연구 프로젝트는 대부분 단기 성과를 내는 데 몰두하도록 설계되어 있다. 연구 프로젝트를 하다 보면 교수는 어느새 연구 전문가가 아니라 프로젝트를 수주하고 결과물을 요령껏 만들어내는 행정의 달인이 된다. 위험과 실패 가능성이 큰 혁신적 연구는 애써 외면해야 한다. 재능 있고 도전정신으로 충만한 인재를 이런 풍토에서 길러낼 수 있겠는가? 설령 그런 인재가 있다고 한들 어떤 교수가 그를 한국 대학에 남으라고 과감하게 권할 수 있겠는가?

동아시아에서 근대 학문을 가장 일찍 받아들인 일본뿐 아니라 중국도 자체로 양성한 과학 분야 노벨상 수상자를 배출했다. 2015년 생리의학상을 받은 전통의학연구원의 투유유 교수다. 노벨상 수상자는 아니지만, 올해 초 AI 분야에서 세계를 놀라게 한 딥시크의 개발자들도 모두 해외 유학 경험이 없는 토종 연구자들이다. 앞으로 중국에서 일본처럼 토종 연구자들의 노벨상 수상 소식이 계속 들려와도 전혀 놀라운 일이 아니다.

선진 학문과 접목하려는 시도는 늘 필요하고 그런 점에서 해외 유학은 중요한 방편이다. 그러나 자체로 후속세대를 길러내지 못하면서 유학에 의존하는 것은 사실상 미래를 포기하는 일이다. 경제는 물론 문화로도 선진국 대열에 들어선 한국이 인재 양성에서 불임 상태를 벗어나지 못한다는 것은 말이 안 된다. 노벨상은 수상자 개인과 그가 속한 국가 못지않게 그를 길러낸 학문 생태계의 영광이다. 그런 점에서 나는 여전히 일본이 부럽다. 한국 이공계 연구자들이 노벨상을 못 받는다고 탓하기 전에 우리 사회가 그들에게 제대로 된 연구 환경을 제공했는지 돌아봐야 한다.

과학기술계 고급 인재 확보에 집중하는 일본, 중국, EU

미국 정부가 전문 기술을 가진 외국 인력의 취업비자[H-1B] 발급 수수료를 2025년 9월부터 1인당 1천 달러에서 10만 달러[약 1억 4천만 원]로 100배 인상한다고 발표하여 큰 소동이 빚어졌다. 심지어 매년 10만 달러씩 내야 한다고 발표했다가 파장이 심각하게 커지자 한 번만 내면 된다고 서둘러 정정했다. 그 직전에 벌어진 조지아주 한국 노동자 구금 사태의 충격이 채 가시기 전이라 한국뿐 아니라 세계가 모두 경악했다. 이민자에 대한 배타적 분위기가 서방세계 전반에 확산하는 중이라지만, 미국을 지금의 강대국으로 만든 핵심 동력이 해외의 유능한 인재를 차별 없이 받아들인 개방성인데, 그것을 망각하고 이런 일을 벌이는 이유를 이해하기 어렵다.

그래서 인재가 떠나는 미국이 더는 패권국가 지위를 유지하지 못하리라고 예견하는 이들이 많다.

사실 미국이 인재 유출을 가만히 두고 보고만 있지는 않았다. 2024년 12월 미국 반도체 기업 마이크론은 삼성전자와 SK하이닉스 등의 경력 엔지니어 대상으로 채용 면담을 시행했다. 20% 인상된 급여와 거주비 등 귀가 솔깃할 만한 지원을 약속했다. 트럼프 당선의 일등 공신인 일론 머스크가 트럼프의 전통적 지지 세력과 외국 인력의 유입을 두고 충돌했지만, 외국인 노동자를 몰아내자고 주장하던 트럼프도 지지층을 무시하고 머스크의 손을 들어주기도 했다. 트럼프 지지 세력은 자신들의 일자리를 뺏는 외국인 노동자를 몰아내자고 주장하고 트럼프는 그런 추세에 편승해 온 반면 머스크는 첨단 기술 외국인 인재를 오히려 더 많이 끌어들이자고 주장했다. 외국인 인재 없이 머스크의 테슬라가 지금 위치에 올 수 있었을지 생각해 보면 답은 분명하다. 미국의 독보적 성장을 이끄는 애플, 엔비디아, 구글, MS 등 빅테크 기업 중에 외국인 인재 없이 움직이는 곳은 하나도 없다.

그러다 H-1B 발급 수수료를 급격하게 인상한 것이다. 미국이 이렇게 자해에 가깝게 행동하는 동안 세계는 지금 다른 나라 인재 스카우트에 사활을 걸고 있다. 세계 주요국들은 미국에서 이탈한 글로벌 인재를 붙잡으려고 치열하게 경쟁한다. 일본은 이미 인도와 인재 50만 명 교류에 합의했고, 특히 인도의 IT 우수 인재 5만 명을 수용하기로 했다. 2023년부터는 '특별고도인재[J-Skip]' 비자 제도를 시행하여 글로벌 우수 인재를 유치하고 있다. 중국은 첨단 과학기술 청년 인재 전용의 'K비자'를 신설하여 10월 1일부터 시행한다. 미국의 H-1B 비자 수수료 폭탄에 대응하여, 해외 유명 대학 STEM[과학, 기술, 공학, 수학] 분야 청년 인재에게 기존 비자보다 우대하는 조건으로 발급한다. 중국 기업에게 한국의 기술 인재는 중요한 공략 대상이다. CXMT 등 반도체 기업들은 무려 서너 배 이상 높은 급여를 제시하며 한국 인재를 모셔간다. 화웨이는 상하이 인근에 3만 명 이상의 연구 인력이 상주하는 글로벌 연구센터를 설립했는데, 그곳 연구자 중 상당수를 한국에서 데려갈 것이다. 2018년부터 6년 동안 중국으로 넘어간 한국 반도체 인재는 무려 1천 명 내외로 추정된다. EU는 내후년까지 5억 유로[약 7,800억 원]를 투자하여 글로벌 우수 과학자 유치를 지원한다. 사우디, UAE 등 중동 국가들도 실리콘밸리 AI 인재를 데려오려고 세계 최고 수준의 보상을 제공한다.

한국은 인재가 들어오는 나라인가, 떠나는 나라인가?

세계 각국이 온갖 달콤한 조건을 내걸고 글로벌 이공계

인재를 유치하려고 애쓰는데, 한국은 내세울 만한 장점이 뭐가 있을까? 근래 한류 유행으로 인해 한국 이미지가 좋아지고 찾고 싶은 나라가 된 것은 사실이다. 잘 구축된 인프라와 안전한 치안 등도 매력적인 조건이다. 그러나 그것만으로는 글로벌 이공계 인재들을 끌어들이기에 충분하다고 보기 어렵다. 무엇보다도 한국의 젊은이들이 이공계를 많이 지망하도록 여건이 조성되어야 하는데, 현실은 그렇지 못하다는 점이 문제다. 한국의 젊은이들은 이공계에 지망하기를 꺼리는데 해외 인재들에게 무슨 희망을 걸고 들어오라고 할 수 있겠는가?

이와 관련하여 얼마 전 SK하이닉스에서 있었던 일은 시사하는 바가 크다. SK하이닉스는 올해 임금협상에서 임금 6% 인상과 함께 성과급 상한선을 폐지하고 매년 영업이익의 10%를 성과급으로 지급하기로 합의했다. 올해인 2025년 영업이익 전망치가 39조 원 수준이라고 하니, 직원들에게 최소 억대 이상의 성과급이 지급될 것이다. 근래 SK하이닉스의 성과급 지급이 합의되자 그 규모가 과도하게 크다고 걱정하는 여론이 일부 있었다. 그러나 발상을 바꿔보면 이런 파격적인 성과급 지급이 SK하이닉스는 물론 한국의 첨단 제조업 전반에 얼마나 큰 자극제가 될지 알 수 있다. 이미 SK하이닉스의 고액 성과급 지급으로 직원들의 사기와 자긍심이 크게 향상되었다는 평가가 나온다.

명예나 애국심보다 경제적 보상이 중요해

인생에서 돈이 전부가 아니라는 말은 일리가 있고, 명예나 성취감 등이 삶의 중요한 동력이 되기도 하지만, 충분한 경제적 보상 없이는 어떤 아름다운 말도 공염불처럼 들릴 수 있다. 한국에서는 기업 임원에게 10억 원 이상 연봉을 주는 것은 이상하지 않아도, 엔지니어에게 고액 연봉이나 성과급을 주는 것은 낯설게 여겨진다. 그러니 똑똑한 청소년들이 이공계 진학을 꺼리고 오로지 의대나 치대에 가려는 꿈을 꾼다. 만약 SK하이닉스 같은 사례가 많이 나온다면, 그래서 이공계 대학을 나와 엔지니어가 되어도 수억 원의 연봉과 성과급을 받는 것이 자연스러운 일이 된다면, 청소년들은 시키지 않아도 이공계 진학의 꿈을 꿀 것이다. 근래 서울대 공대 학장이 국가 주도 혁신연구원을 만들어서 5억 원 이상의 연봉과 주택을 제공하자고 제안했는데, 이런 파격적인 제안도 적극적으로 검토할 때다.

중국은 AI와 첨단기술 경쟁에 막대한 자금을 투입하고 있다. 미국의 빅테크 기업처럼 핵심 인력 한 명 스카우트 하는데 1천억 원 이상 제시하지는 않지만, 최고 수준의 개발자들에게는 10억 원 이상의 연봉과 성과급을 과감하게 투자한다. 로봇 산업을 선도하는 유니트리의 CEO가 “로봇과 AI 인재는 늘 부족하다”라고 한 말에서 알 수 있듯이, 중국은 유능한 글로벌 인재들을 빨아들이고 있다. 그렇게 중국으로 흡수되는 글로벌 인재 중에 적지 않은 비중을 차지하는 것이 한국 엔지니어다. 화웨이가 상하이 외곽에 새로 설립한 글로벌 연구센터에 이미 한국인 엔지니어가 수백 명이 스카우트 됐다는 말이 있다. 충분한 보상을 제공하지 않으면서 명예나 애국심만으로 SK하이닉스나 삼성전자의 최고 인력들이 빠져나가는 것을 막을 수 있겠는가.

한국 인재가 이공계를 진학하는 환경을 만들어야 글로벌 인재들도 데려올 수 있다. 내년에는 SK하이닉스든 삼성전자든 파격적인 성과급을 지급하는 기업이 더욱 많이 나왔다는 뉴스를 보게 되기를 기대한다. 그래서 대학입시 이공계 경쟁률이 치솟고 지역 거점 국립대도 이공계 입학 성적이 크게 올랐다는 뉴스가 보도되는 희망적인 상상을 해본다.

'휴먼 리소스 고속도로'를 놓자

미국이 주목하는 한국 제조업 역량의 토대는 학술생태계

2025년 9월 미국 조지아주 현대차·LG에너지솔루션 합작 배터리 공장에서 발생한 한국 노동자 구금 사건은 회생

불가능하게 몰락한 미국 제조업의 현실을 적나라하게 드러내주었다. 트럼프 대통령이 리쇼어링을 외치면서 관세까지 동원했지만, 기반이 붕괴한 미국 제조업의 회생은 사실상 불가능하다.

치솟은 인건비와 생산 원가, 무너진 공급망으로 인해 공장을 운영하기도 어렵지만, 힘겹게 공장을 유지해도 제대로 일할 숙련된 노동자를 찾을 수 없다. 특히 반도체나 배터리처럼 적정 수율 유지가 어려운 분야는 이 문제가 심각하다. 그래서 세계 최고의 파운드리 기업인 타이완의 TSMC도 미국 공장에서는 적자를 감수하고 있고, 삼성전자, 현대차, SK하이닉스, LG에너지솔루션 등 미국 투자와 현지 생산을 늘리는 기업 대부분이 숙련된 노동력 부족으로 골머리를 앓고 있다. 그래서 궁여지책으로 한국에서 인력을 데려갔는데, 미국이 자기들끼리도 손발이 맞지 않아 이런 사태를 만드니 난감하다. 뒤늦게 심각성을 깨달은 트럼프 대통령이 반도체, 배터리, 조선 등 분야는 한국 전문가에게 미국 노동자 교육을 맡기겠다고 수습하는 모습을 보였으나, 한국인의 불쾌함과 불안감이 가시지는 않는다.

여기서 우리는 제조업 자립과 그것을 뒷받침하는 생태계의 중요성을 다시금 깨닫는다. 미국과 유럽의 제조업이 오래전에 무너졌고 중국이 막대한 물량을 쏟아내는 제조업 강국으로 도약한 상황에서, 한국은 독자적 제조업 역량과 생태계를 유지하는 희귀한 나라다. 자동차, 반도체, 배터리, 조선, 스마트폰에 원전 건설과 방산까지 거의 모든 제조업을 다 잘하는 나라는 세계에서 한국이 유일하다고 해도 과언이 아니다. 이는 하루아침에 이루어진 것이 아니라, 기술교육에 대한 꾸준한 투자, 중장기적 인력 양성 전략, 미래를 내다보는 제조업 육성책이 함께 어우러진 결과다.

과학기술계 인재 양성, 제조업 생태계 유지의 핵심

걱정스럽게 한국 제조업에도 이미 적신호가 켜졌다. 가장 큰 문제는 역시 제조업 생태계를 이끌어갈 유능한 인력이 새롭게 충원되지 않는다는 것이다. 인재들은 이공계를 외면하며 의 · 치 · 약학계에 몰리고, 제조업 생태계를 떠받치는 중견 및 중소기업은 젊은 인력을 구하지 못한다. 제조업 현장은 고령화가 심해져서, 현직 노동자들이 은퇴하면 지금 미국처럼 숙련된 노동자 구하기가 하늘의 별 따기가 될 것이다. 인구가 급격하게 줄어들어서 불가피한 측면이 있지만, 청년 세대의 이공계와 제조업 기피도 주요한 원인이다.

그렇다고 청년 세대를 탓할 수는 없다. 저임금에 위험한 작업 환경과 불안한 처우를 감수하고 희생하라고 요구할 수는 없는 일이다. 산업구조 고도화와 사회의 눈높이 향상에

발맞춰 기업의 태도도 변해야 하고, 제조업 현장에서 일하는 것이 국가와 사회에 공헌하는 만큼 실질적으로 보상받는 일로 인식되어야 한다. 제조업 생태계는 한 번 무너지면 회복할 수 없다는 것을 미국의 사례를 통해 확인했는데, 제조업을 꺼리게 만드는 환경을 그대로 둔 채 해외 인력 수용으로 이 문제를 미봉하는 어리석음을 범하면 안 된다.

이와 함께 다시금 강조할 필요가 있는 것이 교육의 중요성이다. 한국에서 고등교육은 산업 진흥의 가장 중요한 동력이었고, 튼튼한 제조업 생태계가 갖춰진 것도 교육의 역할 덕분이었다. 특히 첨단기술 발전으로 사회가 급변하는 상황에서 고등교육은 미래의 변화를 잘 읽어내고 인력이 사회 각 분야로 적절하게 분산 배치되도록 하는 역할도 해야 한다. 우리 사회를 이끌어갈 우수한 인적자원을 양성하는 데 고등교육의 역동성과 창발성이 중요하다는 점은 아무리 강조해도 지나치지 않다.

전 주기적 과학기술계 인재 양성 체계 구축 필요

근래 교육이 그런 역할을 못하는 사례가 많다. 정치적 풍향이 변한다고 교육이 갈대처럼 흔들리는 일을 자주 보게 된다. 세상의 변화를 제대로 읽지 못하고 유행에 따라 단기적 성과를 좇아 과도하게 쏠리는 일도 드물지 않다. 코딩 교육 열풍이 대표적인 사례고, 융합 교육이나 AI 교육 열풍도 그럴 조짐이 보인다. 불과 몇 년 전까지 "모든 국민이 코딩을 배워야 한다"라면서 대학생에게 의무로 코딩을 배우게 하자는 주장이 득세하고 그것을 실제로 시도한 대학도 있으나, 생성형 AI 등장 이후 그런 열기는 거의 사라졌다.

결국 교육에서 가장 중요한 원칙은 기본을 지키는 것임을 한 번 더 확인하게 된다. 제조업 생태계를 튼튼하게 유지하는 것도 이공계 교육의 기본을 다지는 데서 시작한다. 지금 우리에게 절실히 필요한 것은 이리저리 유행을 좇는 것이 아니라, 이공계 교육의 기본을 다지면서 멀리 보는 안목을 바탕으로 교육과 산업 생태계를 재설계하는 것이다. 초·중등교육부터 대학교육, 직업교육, 산업 현장, 평생고등학습으로 이어지는 전 주기적 인재 양성 체계를 구축하고, 반도체, 바이오, 신재생에너지, AI 등 첨단 분야와 전통적 제조업 분야에 사회 역량이 고르게 축적될 수 있도록 지원하는 메커니즘을 만들어야 한다.

미국 제조업의 현실은 남의 일만은 아니다. 제조업이라는 토대가 흔들리니 미국이라는 거대한 국가가 형편없는 민낯을 드러냈다. 조지아주 한국인 노동자 구금 사태는 충격적일지라도 잠시 지나가는 바람일 수 있으나, 그것이 우리에게 남긴 생각할 거리는 간단치 않다. 교육이 국가 백년대계

라면 지금부터라도 정말로 미래 100년을 내다보는 계획을 고민해야 한다.

과학기술계 인재 양성은 생태계라는 차원에서 접근해야

한국은 특이한 나라다. 피겨의 불모지라고 할 만큼 선수층이 얇은데 피겨 여왕 김연아가 나왔고, 축구 강국에는 비교도 안 될 만큼 유소년팀이나 프로팀이 적은데도 손흥민 같은 월드클래스 선수가 나왔다. 바둑에서도 종주국이라고 자부하는 일본이나 중국을 압도하는 이창호, 이세돌, 신진서가 연달아 등장했다. 한국인의 자질이 뛰어나서이기도 하고, 논 팔고 소 팔아서 여러 자식 중 하나를 애지중지 키워낸 엘리트 교육의 결과이기도 하다. 거기서 더 나아가 공정하고 체계적인 지원으로 선수층을 두껍게 만들면 양궁처럼 수십 년째 천하무적으로 세계를 호령한다.

과학계의 상황도 다르지 않다. 한국 이공계는 부실한 인프라와 넉넉지 않은 지원에도 탁월한 성과를 내는 과학자를 적지 않게 배출해 왔다. 될성부른 나무만 골라서 떡잎부터 집중적으로 길러낸 결과다. 그러나 홀로 외롭게 큰 나무는 바람에 취약하고 울창한 숲을 이룰 수도 없다. 언제까지 개천에서 용이 나기를 기다릴 것인가? 용이 나더라도 개천에서 오래 살아남을 수 있겠는가? 그래서 필요한 것이 뛰어난 자질의 인재들이 서로 협력하면서 성장할 수 있는 환경이다. 이공계 인재 양성을 생태계의 관점으로 보는 것이 그런 점에서 절실히 필요하다. 과학 강국은 뛰어난 한두 명의 스타 과학자가 있는 나라가 아니라, 스타 과학자가 될 잠재력을 갖춘 무수한 인재들이 두터운 생태계를 이루고 있는 나라다.

여성 인력 친화적 과학기술 생태계 구축해야

이공계의 두터운 교육과 연구 생태계 구축 필요를 강조하니, 인구 감소와 의대 선호 풍조 등으로 인한 이공계 인력 부족을 하소연하는 소리가 들린다. 근래 대학의 현실이 그만큼 녹록하지 않은 것이 사실이다. 그러나 인구의 절반인 여성이 아직도 이공계 진로 선택에 소극적인 점을 생각하면 답이 없는 것은 아니다. 이미 도래한 AI 시대는 과학계에 여성 인재들이 활약할 수 있는 공간이 광활하게 펼쳐지는 시대다. 글로벌 무대에서는 'AI의 대모'로 불리는 스탠퍼드대학의 페이페이 리, 챗GPT 개발을 이끈 미라 무라티, '딥시크'의 핵심 개발자인 1995년생 뤄푸리 등 많은 여성 과학자가 세계 AI 발전과 과학기술 혁신을 주도하고 있다. 이런 여성 인재들이 진입하여 미국과 중국의 과학기술 생태계를 더욱 두텁게 만들었고, 그렇게 두터워진 과학기술 생태계가 잠재력 있는 인재들을 스타 과학자로 성장시켰다. 여성 인재 유입과 스타 과학자로의 성장이라는 선순환이 과학기술 생태계를 통해 자연스럽게 이루어지는 것이다. AI 시대를 맞이하여 우리도 그렇게 견고한 과학기술 생태계를 구축한다면 인구의 절반인 여성 인재들을 이공계로 인도하여 훌륭히 길러낼 수 있다.

이공계 여성 진출을 획기적으로 늘리는 강한 생태계를 만들려면 변화가 필요하다. 첫째, 교육과 연구 환경을 근본적으로 바꾸어야 한다. 연구자들이 단기적 성과에 목을 매고 연구비에 전전긍긍하는 풍토에서는 여성 인재들의 진출을 기대할 수 없다. 평생을 바쳐 안정적으로 연구하며 살 수 있다는 믿음을 주어야 한다. 둘째, 롤모델이 되는 여성 과학자들의 멘토링이 필요하다. 이미 진입한 여성 인재가 리더로 성장하는 것을 봐야 후배들이 그 길을 따라간다. 셋째, 사회의 인식 변화가 필요하다. 여성의 역할을 특정 분야로 한정하는 관념을 없애야 하고, 과학기술 영역이 여성에게 적합하다는 인식을 확산해야 한다. 넷째, 초등학교 때부터 여학생들이 과학기술에 더 많이 관심을 가지도록 적극적인 지원책을 마련해야 한다. 여성 과학자들의 성공 사례를 많이 접하게 하고, 과학에 관심을 유발하는 창의적인 STEM 교육 프로그램을 제공해야 한다. 다섯째, 결혼, 출산, 육아 등의 이유로 경력이 단절되어 중도에 연구자의 길을 포기하는 일이 없도록 적극적인 지원책을 마련해야 한다.

손흥민 선수 한 명이 한국 축구를 세계 최강으로 만들 수 없고, 김연아 선수 한 명이 한국 피겨를 세계 최고로 만들 수도 없다. 한국에는 김빛내리 교수 같은 세계적인 여성 과학자들이 있지만, 튼실한 생태계가 없는 환경에서 고군분투하는 이 학자들에게 언제까지 홀로 무거운 짐을 지게 할 수는 없다. 인구의 절반인 여성 인재에게 이공계의 문턱을 넘어 과학 강국의 깃발을 들게 해야 하고, 그렇게 하려면 그들이 지속해서 협력하며 성장할 수 있는 생태계 환경을 마련해야 한다.

과학기술계에 인재 육성 인프라 '휴먼 리소스 고속도로'를 깔자

우리나라는 발전 과정에서 시대적 큰 전환점마다 핵심 인프라를 구축해 왔다. 박정희 대통령 시절에는 '산업화 고속도로'인 경부고속도로를 통해 제조업 중심의 산업화를 이뤘고, 김대중 대통령 시절에는 초고속 인터넷망을 구축하며 '정보화 고속도로'로 정보통신 강국의 기반을 다졌다. AI와 데이터 기반으로 사회가 변모하는 AI 문명 시대인 지금은 이공계 인재 양성과 관리를 위한 '휴먼 리소스 고속도로'를 구축해야 한다.

현재 우리나라 이공계 분야에는 우수한 인재들이 몰려들지 않고 우리가 양성한 인재들을 제대로 지켜내지도 못하고 있다. 이러한 문제를 극복하기 위해 국가 정책의 전면적 변화가 필요하다. 첫째, 정부 지원의 획기적 강화가 시급하다. 모든 이공계 전공 학생들에게 학비 전액 지원, 생활비 전면 지원, 혁신적 병역특례 등 우수 연구 환경을 조성해야 한다. 또한 졸업 후 선망의 대상이 되는 고급스런 일자리를 보장하는 정부 주도 산학 연계 및 공공기관 설립 프로젝트를 실시해 우수 인재들의 이공계 진학을 적극적으로 유도하고 해외 유출을 막아야 한다. 둘째, 초·중등 교육과정에서 이공계 교육의 비중을 획기적으로 높여야 한다. 이를 위해서는 지난 세기 60년대 이래 70년 넘게 지속된 국어-영어-수학 중심의 교육 패러다임을 해체하고, 이를 21세기 문명조건에 걸맞도록 언어-수학-과학기술 중심 패러다임으로 재구성해야 한다. 이러한 기조 위에서 AI 교육과 과학 실험을 강화하고, 문제 해결형 프로젝트 교육을 확대해야 한다. 셋째, 대학 교육의 근본적 혁신을 도모해야 한다. 이공계 분야에서 강의 중심의 기존 교육에서 벗어나 수월성 함양을 목표로 소그룹 단위의 심층적 전공교육을 학부 1학년부터 실시하고, 상상력과 창의력을 체계적으로 키우며 모험과 도전 정신을 제고하는 교육을 실시해야 한다.

우리나라는 이공계 분야에서 인재 육성은커녕 있는 인재도 못 지키는 나라가 되고 있다. 이공계 교수사회에서는 이래선 우리 국가에 미래가 없다는 목소리가 끊이지 않고 있지만, 오랫동안 현실의 장벽에 가로막히다 보니 의욕을 잃고 있고 있다. 지금이라도 국가 역량을 이공계 인재 육성에 쏟아 부어야 한다. 정부는 이공계 인재 육성 인프라 구축 정책을 수립하고, 국회는 특별법 등을 만들어서 이공계 인재의 밝은 미래를 제도적으로 보장하자. 그렇게 해도 의대 정원 증원 등 여러 유혹에 노출된 젊은 세대가 믿을까 말까 할 성싶지만, 우리에게는 남은 시간이 별로 없다.

대학을 주축으로 AI 슈퍼 컴퓨팅 인프라를 구축하자

AI 슈퍼 컴퓨팅 인프라도 구축하자

폭풍이 휘몰아치듯 사회 전체가 혼란스럽던 계엄과 탄핵 국면을 보내는 동안 세계 각국은 AI 분야에서 국가 역량을 총동원하여 경쟁에 나서고 있었다. 2025년 초 중국에서 이른바 '딥시크 쇼크'가 큰 파문을 일으킨 후, 그동안 AI 경쟁에서 낙오해 있던 국가들까지 신발 끈을 다시 묶고 뛰어들었다. 미국과 중국에 뒤진 EU가 대규모 투자로 AI 슈퍼 컴퓨팅 인프라를 구축하면서 연구기관과 대학과 기업을 연계하여 유럽형 AI 생태계를 만들어가는 것이 대표적 사례다.

이런 마당에 대선 캠페인에서 각 당의 유력 후보들이 AI 관련 공약을 가장 큰 비중을 두어 제시했던 것은 대단히 반가웠던 일이다. AI를 국가 경쟁력의 핵심 동력으로 삼아야 한다는 점에 대해서는 진보든 보수든 생각이 다르지 않았음을 확인했으니, 그동안 멈칫했던 만큼 더욱 대담하게 국가적 역량을 모아야 한다. 지금 AI 국제 경쟁에서 낙오하면 앞으로 더는 기회가 없을 테니 모든 수단을 다 동원해야 할 필요도 있다. 대학들이 적극적으로 나서는 것도 하나의 방법이 될 수 있다. 예컨대 서울대를 위시한 전국의 국립대학들이 컨소시엄을 구성하여 GPU를 공동으로 구매하고 AI 슈퍼 컴퓨팅에 필요한 인프라를 구축하는 것은 어떤가? 고가의 AI용 GPU를 갖추는 것은 일개 대학의 역량으로는 어려운 일인 만큼, 그나마 여건이 좀 나은 서울대가 적극적으로 나서서 국립대학 컨소시엄을 구성한다면 수 천에서 1만 장 정도의 GPU를 2년 내지 3년에 걸쳐 구매하여 AI 국가 데이터센터를 구축하는 것이 불가능한 일은 아닐 것이다. 만약 예산이 부족하다면 과거 IMF 국난 때 전 국민이 금 모으기를 했듯이 AI 국가 데이터센터용 GPU 매입을 위한 국민 출자를 생각해 볼 수도 있다.

AI 국가 데이터센터는 지역으로

AI 국가 데이터센터를 전국 대학의 연구자들과 더 나아가 스타트업의 개발자들이 공동으로 사용하게 하는 것은 어떨까? 굳이 입지를 서울이나 수도권으로 정할 필요도 없다. AI 데이터센터 가동에는 엄청난 양의 안정된 전력 공급이 필요하다고 하니, 태양광이나 풍력 등 신재생에너지가 풍부한 새만금 등 서해안 지역이나 남해안 지역, 또는 원자력 발전소가 밀집한 동남해안 지역에 두면 된다. 연구기관이나 기업이 많은 서울 수도권 지역과 거리가 멀어서 경제성이나 현실성이 떨어진다는 지적이 나올 수도 있다. 그러나 중국은 동부의 대도시 밀집 지역에서 생산되는 데이터를 전력이 풍부한 서부 지역의 데이터센터에서 처리하는 소위 '동수서산東數西算'이라는 프로젝트를 성공적으로 시행하고 있다는 것은 잘 알려진 사실이다. 중국에서는 수천 킬로미터 떨어진 거리에서도 가능한데, 국토 끝에서 끝까지 500㎞도 안 되는 한국에서는 불가능하다는 말인가? 수도권 인구 과밀화 해소와 국토 균형발전이라는 차원에서도 시도해 볼 만한 일이지 않은가?

지금은 평범한 발상으로는 글로벌 AI 경쟁에서 명함도 내밀기 어렵다. 정부는 물론 대학과 기업까지 합심하여 전복적인 상상력을 동원해야 할 때다. 그런 상상력에 대해 "이러저러한 문제가 있는데 가능해?"와 "이러저러한 문제가 있다고 해서 하지 않겠다는 거야?"라는 두 가지 질문이 제기될 수 있다. 두 질문 중에 어느 질문이 더 무겁게 다가올지는 분명하다.

국가정보 관리, 지역에서도

2025년 9월 26일 국가정보자원관리원이하 '국정자원' 전산실 화재가 발생했다. 전자정부가 사실상 먹통이 됐다. 당시 화재로 709개 정부 전산 시스템이 마비돼 모바일 신분증, 정부24, 공공기관 웹사이트 등 국민 일상에 필요한 서비스들이 중단됐다. 해외에도 수출된 대한민국 전자정부 시스템의 심장부가 초토화하고, '인공지능AI 3대 강국' 도약을 공약한 이재명 정부의 데이터 관리 수준이 적나라하게 드러났다는 지적을 받았다.

중요한 국가 시스템이 화제에 무방비였다니 황당하고 안타깝다. 통탄할 점은 어처구니없는 이번 화재의 원인이다. 직접적인 원인은 리튬이온 배터리 폭발이라는데, 10년 권장

사용기한이 이미 1년이나 지난 배터리를 교체하라는 권고를 무시했다, 점검 과정에서 이상 신호가 발견됐지만 적절하게 조치하지 않았다. 여기에 중요한 국가 데이터를 저장하는 서버를 화재 위험이 있는 리튬이온 배터리 바로 옆에 뒀다는 사실이 밝혀졌다. 배터리 화재 방지용 소화 설비도 미흡했다. 더 심각한 점은 사고가 발생했을 때 중요한 데이터가 소실되지 않도록 백업[복사·저장]하고 전산망 서비스가 중단되지 않도록 이중화[중복구축]하는 시스템이 제대로 작동하지 않았다는 것이다.

이번 사태를 보면서 조선시대의 국가 정보 관리 시스템을 떠올리게 된다. 조선은 가장 중요한 국가 정보인 왕조실록은 물론이고 중요한 기록을 안전하게 보관하려고 심혈을 기울였다. 조선은 건국 초기부터 수도 한양의 춘추관을 비롯해 충주·성주·전주 등 4곳에 사고[史庫]를 설치했다. 화재나 전쟁 같은 비상사태를 대비하는 차원이었다. 한반도 전역이 전란에 휘말린 임진왜란 중에 한양·충주·성주 사고가 잿더미가 됐지만, 전주 사고에 보존된 자료는 온전히 지켜냈다. 14세기에 이미 귀중한 정보를 안전하게 보존하는 마인드까지 갖추고 세계 최고 수준의 기록 문화를 갖고 있었던 셈이다. 임진왜란 이후에는 기록 보존의 중요성을 더욱 절실하게 느껴서 한양 춘추관, 강화도 적성산, 오대산, 태백산, 묘향산에 5대 사고를 구축했다.

안정적인 에너지 저장 시스템Energy Storage System, ESS이 필요

우리 조상들의 빛나는 기록 보존 전통을 생각하면 이번 국정자원 화재로 드러난 실상은 참담하다. AI 시대에 데이터가 가장 귀중한 자원이라고 말로만 떠들면서 기본적인 데이터 안전조차 제대로 지켜내지 못했다. 데이터를 보존하는 시스템 구축에는 누구도 관심을 제대로 기울이지 않았다. 위험을 감수하는 공격적 투자자들은 “버블은 터지지 않으면 버블이 아니다”라고 흔히 말한다. 설마 국가 데이터를 책임지는 공직자들이 “부실은 사고로 드러나지 않으면 부실이 아니다”라고 안이하게 생각한 것은 아닌지 의심스럽다. 국가 핵심 기관의 안전 마인드와 관리 수준이 이 정도로 낮은 수준인데, 전국의 대학이나 민간 기관은 오죽하겠나 싶다. 정보 자원의 안정적인 분산 관리는 아무리 강조해도 지나치지 않다.

이번 사태를 겪으면서 한 가지 더 명심할 점이 있다. 국가 정보 자원 관리에도 안정적인 에너지 저장 시스템Energy Storage System, ESS이 필요하다는 것이다. 이제 중요한 데이터는 디지털화해서 관리, 보존하고 있다. 이렇게 데이터를 디지털화해 관리, 보존하려면 꼭 필요한 것이 전기다. 문제는 이번 화재에서 보듯이 배터리가 종종 화재의 원인이 된다는 점이다. 이런 문제를 고려하면 배터리 위험성을 최소화하는 복합적이고 중층적인 ESS 안전망 구축이 절실하다. 배터리 생산 기술 세계 1위인 한국이 국가 핵심 시설의 ESS 운영조차 안전하게 하지 못한다면 이 또한 부끄러운 일이다.

소 잃고 외양간 고치는 일을 계속할 수는 없다. 우리는 첨단 기술의 향연에 도취해서 정말 중요한 기본을 놓치고 있는지 모른다. 국가 기록의 가치를 인식하고 온전히 보존해 후손에 물려주려 노력한 조상들의 마인드와 지혜를 되새길 필요가 있다.

문제는 전력난

오늘날 한국의 리더가 짚어내야 할 핵심 문제가 있다면 무엇일까? 어려운 경제와 민생을 살리는 것도 중요하고, 한반도를 둘러싼 위태로운 지정학 조건에서 안보를 챙기는 것도 필요하다. 선진국 간의 첨단기술 경쟁에서 뒤처지지 않아야 하는 것은 당연하고, 특히 AI 경쟁은 우리가 반드시 이겨내야 할 과제다.

그런데 이 모든 문제를 해결하기 위해서는 우선 해결해야 할 문제가 있으니 그것이 바로 '전력난'이다. 우리는 지금 전기가 없다면 유능한 정부도, 발전된 사회 시스템도, 첨단 과학기술도 모두 무용지물인 세상을 살고 있다. 전기가 곧 경제고, 안보고, 민생이고, 과학기술이다. AI 시대로의 전환이 빨라지면서 전기의 중요성은 더욱 커지고 있다. 인간을 대체한다는 범용인공지능[AGI]를 넘어서는 초인공지능[ASI]조차도 전기가 없으면 의미가 없다.

세계를 상대로 전례 없이 패권을 휘두르는 트럼프 대통령은 두려운 것이 없는 듯하다. 그러나 트럼프 대통령도 마음대로 할 수 없는 것이 있으니 바로 전력난이다. AI 경쟁에서 승리하여 미국의 패권을 공고히 다지겠다고 천문학적 자금을 쏟아 부어 한국과 타이완의 반도체 공장에서 생산되는 AI용 반도체들을 독점하지만, 전기가 부족하니 '구슬은 서 말인데 꿸 수 없는 보배'다. MS의 CEO 샤티아 나델라는 "엔비디아 최신 GPU가 남아돌아도 전력이 부족해 꽂지 못한다"라고 하소연한다.

게다가 늘어나는 AI 데이터센터로 인한 전력난으로 가정용 전기료까지 급등하자, 다급해진 트럼프는 빅테크 기업에게 스스로 전기를 구하라고 으름장을 놓기에 이르렀다. 빅테크 기업들은 태양광이든 풍력이든 원전이든 천연가스든 전기만 생산할 수 있다면 전력원이 무엇이든 가리지 않고 달려가는 형국이 되었다. 그런데 설령 전력을 생산해도 송전이나 배전 시스템이 낙후되거나 제대로 건설되지 않아서 난리를 겪는다. 유럽은 우크라이나 전쟁 이후 에너지 공급에 심각한 어려움을 겪는데, 에너지난 못지않게 심각한 것이 낙후된 송배전망 때문에 걸핏하면 벌어지는 대규모 정전 사태다.

한국 대학도 전력 부족으로 연구에 차질

한국도 이 문제가 남의 일이 아니다. 근래 논란이 되는 용인 반도체 산단 문제도 결국은 전력난으로 인해 대두되었다. 이미 부지로 선정되어 공사를 시작했는데 어떻게 옮기냐는 주장이 설득력 있게 제기되지만, 막대한 전력을 어떻게 공급할 것이냐는 반론도 만만치 않은 것이 사실이다. 과거에 부지를 선정할 때 '전기' 문제를 제대로 고민하여 해결하지 않고 미봉한 후폭풍을 지금 맞는 셈이다. AI가 중요하고 반도체가 필요하다니까 모두 근시안적으로 거기에만 관심을 두고 그것들의 전제인 전기는 신경 쓰지 않아서 벌어진 일이다.

이는 정부나 기업만 신경 쓰면 되는 문제가 아니다. 대학도 이런 문제가 점점 더 심각해진다. 각 대학이 안정적인 전력 공급 때문에 골머리를 앓고 있다. 수만 명이나 되는 인구가 밀집하여 활동하는 공간이라 전기가 많이 필요하기도 하고, 특히 이공계 학과와 연구소들은 연구 활동에 막대한 전기가 쓰인다. 즉 대학의 경쟁력이 기금이나 시설을 늘리는 일만큼 안정적 전력 공급에 따라 좌우된다. 이공계 학과와 연구소에는 전기가 가장 중요한 인프라라고 해도 과언이 아니다. AI 경쟁 시대에 국내 대학에는 최신 GPU가 없다고 지적하는 언론 보도가 자주 나왔는데, 설령 최신 GPU가 있어도 그것을 가동할 전기가 없어서 더 문제다.

전기는 대학의 핵심 인프라

정부든 기업이든 대학이든 이런 전력 부족 문제를 해결하려고 애를 쓰지만, 아직은 충분히 효과적인 대책이 마련되어 실현된다고 보기 어렵다. 이유는 각 지역과 이해 당사자 간에 발전, 저장, 송전, 배전을 아우르는 종합적인 논의를 통한 협력 방안이 제대로 나오지 않아서다. 지방에서 원전으로든 신재생 에너지로든 전력을 많이 생산한다고 해도 주요 사용처인 서울 수도권과 협력이 제대로 되지 않으면 무용지물이다. 전력 생산보다 비용이 더 많이 들어가는 것이 송배전망 구축이고, 설령 전력망 구축 비용을 조달한다고 해도 송전탑이 지나는 지역 주민의 동의를 구하지 못하면 실행은 불가능하다. 게다가 생산된 전력을 저장하는 에너지 저장 시스템ESS 구축 문제는 전력난을 효과적으로 극복하기 위해 해결해야 할 또 다른 과제다.

그나마 정부나 기업은 근래 이 문제가 국가 차원의 관심을 받고 공론으로 떠오르니 이런저런 해결 방안을 모색하기라도 하는데, 대학에서는 해결책 마련이 요원하다. 돈이나 시설 등 당장 눈에 가깝게 보이는 문제들 때문에 관심에서 뒷전으로 밀리기 일쑤다. 전기가 곧 대학의 가장 중요한 인프라라고, 대학의 경쟁력이 안정된 전력 공급에 좌우된다는 거시적 안목이 필요한 때다. 그래서 지금 다시 이런 슬로건이 필요할 듯하다. "바보야, 문제는 전기야!"

[보론]

인문학자의 AI 대학원 도전기, 경계를 넘어 배우다

2025년 3월, 나는 인문대 교수라는 익숙한 정체성에 'AI 전략경영[총장명의] 석사과정 학생'이라는 새로운 이름표를 하나 더 달았다. 26년 넘게 인문학의 언어로 세상을 읽고 가르쳐 온 내가 이제는 알고리즘과 데이터의 언어를 배우는 학생이 되었다.

금요일 오후가 되면 나는 서둘러 연구실을 나선다. 오후 6시 30분에 시작하는 강의를 듣기 위해 지하철을 한 번 갈아타며 한 시간 넘게 이동한다. 퇴근 시간대의 복잡한 지하철 안에서 오늘은 어떤 AI 관련 용어와 개념을 새로 만날까 생각하다가, 문득 고개를 들어 보면 나와 비슷한 나이대의 직장인들이 피곤한 표정으로 스마트폰을 보고 있다. 그들은 퇴근길이지만 나는 등굣길이다. 이 아이러니한 상황이 묘한 활력을 준다.

더 극적인 것은 토요일이다. 아침 8시 30분 강의를 위해 새벽 5시 30분에 알람을 맞춘다. 어두운 새벽, 잠이 덜 깬 상태로 세면대 앞에 서면 거울 속의 내가 낯설다. 순간 '내가 지금 뭘 하는 거지?' 하는 자문이 엄습하고, '이것이 바로 배움의 순수한 열정 아닐까' 하는 자답이 뒤따른다. 40대가 대부분인 학생들 사이에서 환갑이 넘은 학생으로 앉아 있을 때의 어색함은 강의가 시작되면 곧 배움의 긴장감으로 바뀐다.

특히 잊을 수 없는 것은 파이썬[Python] 프로그래밍 수업이다. 콜론 하나를 빼먹었다고, 괄호를 닫지 않았다고, 영어 철자 하나를 빠뜨렸다고 끊임없이 울려대는 붉은 에러 메시지. 한 시간 동안 같은 오류를 반복하며 좌절할 때의 그 자괴감이란! 인문학 논문에서는 다소 모호한 표현도 맥락으로 이해되고 해석의 여지가 미덕이 될 수 있지만, 프로그래밍 언어는 단 한 글자의 오류도 용납하지 않는다. 이 냉정한 정확성 앞에서 나는 한없이 작아진다. 이공계 분야에서 말하는 학문의 엄밀함이란 게 이것이었나 싶기도 하다. 마침내 실패 끝에 정확한 명령어를 통해 코드가 작동했을 때의 그 성취감 또한 새로운 경험이다.

이런 과정을 통해 나는 인문계와 이공계의 학문 방법론이 얼마나 다른지 체득한다. 인문학은 질문을 던지고 해석의 지평을 넓히는 학문이다. 하나의 텍스트는 여러 관점에서 읽힐 수 있고, 정답보다는 더 나은 이해를 추구한다. 반면 과학과 기술은 문제를 정의하고 그 문제에 대한 최적의 해법을 찾는 학문이다. 재현 가능하고 검증 가능한 결과를 요구한다. 이 두 세계 사이의 간극을 오가며 나는 각각의 방법론이 지닌 강점과 한계를 동시에 보게 된다.

왜 인문대 교수가 AI 대학원에 다니는 걸까. 답은 단순하지 않다. 단지 새로운 기술을 배우고 싶어서만은 아니다. 과학기술이 사회를 재편하고 선도하는 이 시대에, 대학이 나아가야 할 길을 진지하게 고민하기 위해서다. AI는 이미 범용 인프라가 되어 우리 삶의 모든 영역에 스며들고 있다. 교육 현장도 예외가 아니다. 학생들은 AI를 활용해 과제를 하고, 연구자들은 AI로 방대한 데이터를 분석한다. 이런 변화 속에서 대학은 어느 방향으로 나아가야 하고 또 어떤 역할을 해야 하는가.

대학인은 과학기술의 발전 방향을 제대로 이해하고 그것이 지향해야 하는 가치와 방향을 제시하고 구현해야 하지 않을까. 그러기 위해 나는 그 안으로 들어가는 길을 택했다. 밖에서 관망하며 논평하는 것과 안에서 경험하며 이해하는 것은 전혀 다르다. AI가 무엇을 할 수 있고, 어떤 한계를 지니며, 어떤 윤리적 문제를 야기하는지에 대해 직접 부딪혀봄으로써 이해의 폭을 넓히고 깊이를 확보하고자 했다.

이 여정에서 발견한 큰 즐거움은 '배우면서 가르치고, 가르치면서 배우는' 경험을 갖게 됐다는 점이다. AI 대학원에서 배운 내용은 곧바로 내 강의실로 들어온다. 학생들에게 AI 시대의 인문학적 성찰을 이야기할 때 이제 나는 추상적 담론이 아니라 구체적 경험을 그들과 나눌 수 있다. 동시에 인문학에서 길러온 비판적 사고와 윤리적 질문하기 덕분에 AI 수업에서는 새로운 관점을 제공한다. 교수로서 학생들에게 던졌던 질문들을 이제는 학생으로서 교수들에게 던진다. 이 순환 속에서 배움과 가르침의 경계를 가로지른다.

무엇보다 이 경험은 평생고등학습의 중요성을 다시금

일깨워준다. AI 기반 과학기술 시대는 지속적인 학습을 요구한다. 오늘 배운 기술이 내일이면 구식이 되고, 새로운 개념이 쏟아져 나온다. 이런 환경에서 나이나 직위는 배움을 멈출 근거가 되지 못한다. 오히려 경륜이 풍부한 중년의 학습이 더 깊은 통찰로 이어진다. 교수로서 학생들에게 '평생 학습하라'는 권유를 한층 힘주어 말할 수 있게 된 이유다.

수업을 들으며 절실하게 느낀 바는 과학기술과 인문사회학술 간 대화는 서로의 언어를 배우고 세계관을 이해하는 노력이 병행될 때 한층 실질적인 것이 된다는 점이다. AI는 단순한 과학기술이 아니라 사회를 변화시키는 힘이고, 그 변화의 방향은 우리 사회가 어떤 가치를 추구하느냐에 달려 있다. 과학기술에는 인간과 사회에 대한 깊은 이해가 필요하고, 인문사회학술에는 과학기술의 본성과 원리에 대한 구체적 지식이 필요하다. 그래서 AI를 대학에 제대로 접목시키는 것은 단순히 AI 강좌를 개설하거나 AI 도구를 활용하는 것 이상의 의미를 지닌다. 그것은 지식의 생산과 전달, 활용 방식을 근본적으로 재구성하고, 학문 간 경계를 유연하게 만들며, 대학이 추구해야 할 새로운 교육 패러다임을 모색하는 일이다.

교수가 스스로 변화할 필요가 여기에 있다. 자신의 전공을 지속적으로 심화·발전시켜 가는 한편, 낯선 영역으로 과감히 발을 내딛는 용기도 필요하다. 이 과정에서 우리는 학자로서, 교육자로서 더욱 풍부해지게 된다. 또한 과학기술이 사회를 선도하는 시대에 인문사회학술이 어떤 역할을 할 수 있는지, 대학이 어떤 방향으로 나아가야 하는지에 대한 답도 찾을 수 있다.

경계를 넘는다는 것은 불편하다. 하지만 바로 그 불편함 속에서 새로운 통찰이, 상상이 생겨난다. 그래서 인문학자로서 AI를 배우고, AI 학습자로서 인문학을 성찰하는 이 이중의 여정은 과학기술 선도 시대에 진취적으로 대응하는 미래 기획이다. 아직은 걸어가야 할 녹록하지 않은 여정이 많이 남았지만 말이다.

사교육을 줄일 수 있는 공교육 강화 방안과 대학입학전형 모색

그동안 수없이 제기되었듯이 사교육을 줄이는 확실한 길의 하나는 공교육의 강화이다. 그러기 위해서는 중장기적 로드맵의 수립이 절대적으로 필요하다. 공교육 강화는 초등교육과 중등교육이 자기 완결성을 갖춘 채로 시행될 때 비로소 실현되기 때문이다.

다시 말해 초등교육은 초등교육으로서의 목적을 구현하기 위해 시행되고, 중등교육은 중등교육으로서의 목적을 구현하기 위해 시행되어야지, 지금까지처럼 초등교육은 중등교육을 위한 준비단계이고, 중등교육은 고등교육을 위한 준비단계인 한 공교육의 강화는 구두선에 불과하게 된다. 초중등교육이 소위 '스카이'로 대변되는 좋은 대학을 가기 위한 단계로서 대학입시에 예속되어 있어서는 결코 공교육이 강화될 수 없다.

문제는 '스카이'가 정점을 차지하고 있는 대학 학벌체제는 이미 두 세대 넘는 세월 동안 지속적으로 강화되어 왔고, 그 당연한 결과로 초중등교육이 대학입시의 노예가 된 지도 수십 년이 되었다는 점이다. 그 세월 동안 초중등교육의 교육 설계, 교육 과정, 교육 방법, 교재, 학사 운영 등이 대학입시의 자장 속에서 관성화되고 구조화되었다. 이렇게 초중등교육 현장에 관성화되고 구조화되어 있는 대학입시의 영향력을 근본적으로 제거하지 않는 한 공교육의 강화는 지금까지 그래왔듯이 공염불이 될 가능성이 무척 크다.

주지하듯이 관성화되고 구조화된 것을 혁신하는 데는 물리적인 시간이 요구된다. 따라서 공교육을 강화하기 위해서는 초등교육은 초등교육을 위해 존재하고, 중등교육은 중등교육을 위해 존재하게 하는 초중등교육 개혁을 위한 중장기적 로드맵이 절대적으로 필요하다. 이의 실현을 위해서는 공교육 강화 방안을 비롯한 교육개혁 과업이 정권이 바뀌어도 중장기적으로 지속될 수 있도록 시민사회 및 정치권이 국민적 합의를 바탕으로 중장기적 로드맵을 마련하여야 한다.

물론 중등교육이 고등교육 단계의 교육을 준비하는 과정으로서의 역할을 전혀 수행하지 않을 수는 없다. 이 점에서 중등교육이 자기 완결성을 구현해야 한다는 지향과 고등교육을 준비해야 한다는 지향이 충돌할 가능성이 없지는 않다. 다만 이는 다음과 같은 방안의 도입을 통해 건설적으로 해소할 수 있다. 바로 현행 수능과 같은 대입을 위한 국가고시를 프랑스의 바칼로레아나 독일의 아비투어처럼 고등학교 졸업자격시험으로 바꾸는 것이다. 시험 유형을 바칼로레아나 아비투어처럼 바꾸자는 제안이 결코 아니다. 무엇이 타당한 시험 유형일지에 대하여는 시민사회와 전문가 그룹 등이 협의할 사안이다. 다만 대학입학을 위한 시험이 아닌 고등학교 교육을 종결하기 위한 시험일 필요가 있음을 제안하는 것이다. 따라서 이 시험의 출제나 채점은 고등학교 교사를 중심으로 꾸릴 필요가 있다. 고등학교의 종류가 다양한 만큼 고등학교 졸업자격시험도 그에 맞춰 복수의 트랙을 구비할 필요도 있다. 예컨대 인문계, 실업계, 예술계, 과학계 등으로 나누어 고등학교 졸업자격시험을 시행할 필요가 있다는 것이다.

이렇게 바꾸었을 때 예상 가능한 장점은 대학입학 시기를 현행보다 훨씬 다변화할 수 있다는 점이다. 현행 대학입학 시기는 고등학교 졸업 직후부터 1, 2년 내가 절대 다수다. 이는 길게 잡아도 20세 전후한 시기까지 쌓은 능력을 토대로 대학 입학 여부가 결정된다는 것을 말해준다. 그런데 4

차 산업혁명 등으로 대변되는 문명조건의 변이에 따라 대학에서 교육받은 것으로 평생의 삶 영위가 가능했던 패러다임은 소멸되고 있다. 대학 졸업 직후 가지게 된 제1 직업으로만 평생을 살 수 있는 시절이 아니게 되었다는 것이다. 달리 말해 대학은 더는 '종국終局 교육과정'이 아니게 되었고 제2, 제3 직업을 위해서도 적절한 교육을 시행해야 하는 교육기관이 되었다. 따라서 대학은 고등학교 졸업 직후에만 입학할 수 있는 곳에서 성인 학습자들이 평생에 걸쳐 입학할 수 있는 곳으로 바뀔 필요가 있다. 이때 고등학교 졸업자격 시험은 대학 입학의 최소한의 자격 요건으로 활용 가능할 것이다.

다음으로 대학입시의 과도한 경쟁률을 줄일 수 있는 방안을 제안하고자 한다. 주지하듯이 사교육의 극성은 과도한 경쟁률과 이에 기인한 불안의 소산이다. 따라서 과도한 대학입시 경쟁률을 줄일 수 있다면 사교육 필요성도 줄일 수 있다. 이러한 전제 아래 도입 가능한, 대학입시 경쟁률을 줄이는 길의 하나는 대학 입학 시기를 2학기에 1회 실시하는 현행 1년 1회를 1학기와 2학기에 각각 1회씩 실시하는 1년 2회로 늘리는 방안이다. 편입학 기회를 제도적으로 확충하는 등 대학 입학 후 대학 간 학생 이동이 현행보다 한층 유연해질 필요도 있다. 또한 지역대학 중 일부를 지역거점 대학이 아니라 서울대급의 '국가중추대학'으로 집중 육성함으로써 '수도권-스카이' 중심의 학벌체제를 약화하는 방안도 대입 경쟁률을 낮추는 데 도움이 된다고 판단한다.

"대학은 시대를 앞서가야 하는 곳… '학문의 전당' 정체성 찾아야"

이재영 서울대 교수[영어영문학과]는 포스트 코로나시대의 대학 비전으로 '스마트 휴먼그리드 플랫폼'으로서의 대학을 제안했다[교수신문 2021년 6월 7일자 3면]. 이 교수는 문명사적 대전환기를 맞은 지금, '문명의 저울'로서의 대학을 사유하자고 했다.

생태, 재난 그리고 디지털이라는 대학이 마주하고 있는 인문[人紋]에 능률적이고 선제적으로 대처해 가려면 대학은 공간과 인적구성, 조직이라는 차원에서 새로운 인문을 민첩하고도 유연하게 품어내야 한다고 했다.

지난달 28일, 이 교수를 만나 그가 생각하는 대학의 미래지향적인 재구성 방안과 문제의식을 들었다. "디지털 기반의 과학기술이 선도하는 문명. 아무래도 대학의 가장 도전적인 과제가 아닌가 싶습니다. '디지털 문명'이 우리 인류의 생활을 획기적으로 바꿔버렸습니다." 이재영 교수의 말이다.

이 교수는 영문학을 전공한 인문학자이지만 과학기술 문명에 대한 이해를 높이기 위해 공부를 계속하고 있다고 했다. 그의 비전속에는 '인간'이라는 화두를 중심으로 융합과 연결, 공존의 정신이 담겼다. '대학의 위기'도 개별 대학의 대응만으로는 극복하기 어렵고, 서로 연대하고 집단 지성을 발휘할 수 있어야 공생, 공존이 가능할 것이라고 말했다.

움츠려 있는 대학인들의 모습에선, 당당하게 '용기'를 내자고 했다. 실용성에 집착하는 사회문화를 바꿔내지 못하고, 사회에 뒤처지고 안정 지향적인 조직으로 인식되고 있는 대학, 자기 존재 의미를 잃어버린 대학인들 스스로 뼈아프게 반성해야 한다고 했지만, 대학이 '학문의 전당'으로 제 역할을 찾아가고, 사회의 귀감이 될 수 있도록 목소리를 내야 한다고 강조했다.

▣ 영문학을 전공한 인문학자이지만, 과학기술 이슈를 포함한 좀 더 폭넓은 시각에서 대학의 문제를 바라보고 있습니다.

아주 중요한 문제입니다. 지금 시대가 인문학이다, 사회과학이다, 공학이다, 자연과학이다 이런 식으로 구별하는 시대가 아닌 것 같습니다. 경계를 넘어서는 탈경계적인 학문 행위를 해야 하는 시대입니다.

인문학자라고 해서 공학이나 기술 기반의 학문 분야를 몰라도 되는 것은 아닙니다. 인간이 만들어내는 모든 산물을 탐구한 것이 인문학의 전통이라고 보면, 분리하는 것이 더 이상하겠죠. 그동안 우리는 너무 분과학문의 특정 자기 영역에서 활동하는 쪽에만 함몰되다 보니까 학문 분야별로 칸막이가 처져 있었습니다. 우리가 지금 마주하고 있는 디지털문명에 대한 이해라든지, 생태에 대한 이해를 높이는 것은 너무나 당연한 것입니다. 심지어 의학과 과학적인 재난까지도 인문학자들의 연구 분야가 돼야 하고 사회과학자들도 관심을 가져야 한다고 생각합니다. 마침 이제 대학은 융합의 시대를 맞았습니다. 학과의 벽을 허물고 제도적으로 융합을 해야 한다는 시대이기 때문에 지금까지 관성에 의해 분리된 것에 대한 탈피가 필요한 시대입니다.

▣ 포스트 코로나 시대의 대학 비전으로 제시한 '휴먼 그리드'는 어떤 의미입니까?

4차 산업혁명도 인간 중심의 문명이 돼야 한다는 자각이 있어야만 의미가 있다고 봐요. 인간이 인간으로서 제대로 역할을 할 수 있는 의미와 가치를 갖는 그런 연결망. '그리드'라는 용어는 여러 분야에 쓸 수 있는 용어인데, 굳이 제가 '휴먼' 그리드라고 한 것은 디지털 문명 시대에 가장 중요한 키워드는 무엇일까? 인간이다. 로봇, 빅 데이터, 인공지능 시대에 결국은 인간이 어떻게 생각하느냐에 따라서 인류가 달라질 수 있는 이 상황에서 가장 큰 키워드가 돼야 하는 것은 무엇인가. 저는 휴먼 비잉^human being^, 휴머니티^humanity^라고 생각해요. 그렇기 때문에 '휴먼' 그리드라는 것이 더 의미가 있다고 생각합니다.

■ 흔히 네트워크라는 표현도 많이 쓰는데 '그리드'라고 한 이유는?

'그리드'라는 용어를 살펴보니, 전력망을 뜻하기도 하는데요. 기계를 움직이는 동력으로서의 전기가 아닌, 인간이 서로가 서로에게 힘이 되어 주고 서로가 동력원이 되어주는 그런 측면으로 바꿔서 쓰면 어떨까. 그래서 휴먼 '그리드'라고 말을 만들어 봤습니다. 내가 있어야 상대방이 있고 상대방이 있어야 내가 있는 것이지, 나 홀로 있을 수도 없고 상대방 혼자서 있을 수도 없는 인간의 기본적인 것이 마치 전기의 흐름하고 똑같지 않은가. 이런 측면에서 그리드라는 용어를 살려 쓰고 있습니다.

■ 휴먼 그리드 플랫폼의 한 예로 '미래 공유 연구원'을 만들어 보자고 했습니다.

대학들이 섬처럼 존재하는 독립적인 조직이 아니고 서로를 연결할 필요가 있습니다. 지식인들이 나 혼자만 뭔가를 해결한다고 하면 해결이 되지도 않고 결과물도 나오기가 어렵겠죠. 서로가 촘촘한 연결망으로 집단 지성을 형성하면, 문제를 오히려 쉽게 해결할 수도 있고. 그것이 바로 우리가 공생, 공존하는 가장 확실한 방법이라고 생각합니다. 대학들도 나 혼자만, 우리 대학만 잘 살아보겠다고 해서는 잘 될 것이라고 보지 않습니다. 서로의 경험을 공유하고 유관된 경험을 연구 결과물로 내서 서로의 존재에 대한 존중도 함께 함으로써 공존할 수 있다고 봅니다.

우리는 집단 지성을 강조하고 있지만, 굉장히 모호하게 쓰고 있습니다. 인류와 미래, 지구적인 미래까지 포함하는 미래에 대해 연구하고 지혜를 모아나가다 보면 자연스럽게 해결 방향을 모색할 수 있을 것이라고 생각해요. 이런 측면에서 '미래 공유 연구원' 같은 경우도 스마트한 휴먼 그리드 플랫폼의 한 예가 될 것이고, 집단 지성을 형성하는 빠른 길이 되지 않을까요.

▣ '미래 공유 연구원' 같은 조직이 필요한 것인가요?

연구원 같은 새로운 조직을 만들자는 얘기가 아닙니다. 오히려 디지털 트윈 같은 가상공간을 활용해 아이디어나 연구 모델을 만들어 갈 수 있겠죠. 뭔가를 새롭게 하려면, 자꾸 기존의 방식과 관념에 함몰돼 돈과 건물이 필요하다. 이런 식으로 생각하는 것은 이제 벗어나야죠.

새로운 공간으로서 '디지털 트윈' 같은 가상 공간을 이야기하는 것은 산업계에서 추진하는 트렌드를 좇아가자는 뜻이 아니고 새로운 창의적 연구 공간, 교육 공간을 만들어 보자는 것입니다. 지금까지 공간적 제약이나 시간적 제약 때문에 하지 못했던 것을 '디지털 트윈 캠퍼스'라는 새로운 공간을 활용해 해보자는 겁니다. 이런 시도를 통해 '미래 공유 연구원' 같은 것도 시도해 볼 수 있고요. 그동안 뭔가 새로운 연구나 교육이 필요하다고 하면 건물부터 지어 놓고 추진하려고 했는데, 이제는 하드웨어 중심적인 방식에서 벗어날 필요가 있어요. 이런 측면에서 우리의 사고와 구조마저도 바꿔야 미래 대학을 이해할 수 있고, 미래 대학을 만들어 낼 수 있다고 생각합니다.

▣ 디지털 트윈이라는 새로운 공간은 첨단 기술을 활용하자는 측면만 있는 것은 아니었군요.

산업계의 유행 트렌드를 좇아가자는 뜻은 절대로 아닙니다. 우리 스스로가 창의적인 공간을 만들어 내는 것이 대학이 해야 할 일이 아닌가 싶어요. 그렇지 않습니까. 대학은 시대를 앞서가야 하는 존재인데, 어느 시점부터 사회보다 뒤처지는 듯한 너무나 보수화되고 안정지향적인 기관으로 인식되는 것에 대해 반성이 필요합니다. 이제 대학은 선도적으로 진화해야 합니다. 실패를 두려워하지 않고 창의적인 것을 추진해 나가는 장소와 기관이 돼야 합니다. 그동안 실패 걱정 때문에 도전하지 못했던 것도 가령 '디지털 트윈 캠퍼스'라는 새로운 공간에서는 할 수 있지 않을까. 새롭게 뭔가를 할 수 있고, 우리 스스로 만들어내야 합니다.

▣ 대학도 민첩한 조직으로 변화해야 한다고 했습니다. 대학 문화를 변화시켜 나가는 것이 쉽지가 않은데요.

현재의 문명조건 자체가 긴밀하게 아주 민첩하게 움직이지 않으면 금방 뒤처지는 시대에 살고 있습니다. 그렇기 때문에 대학이 굼뜨게 느릿느릿해서는 안 된다는 측면이 있고, 대학이 관료화되는 것을 과감하게 바꾸자는 측면도 있습니다. 대학은 시대의 횃불, 사회의 향도가 돼야 하고, 사회를 이끌어 가야 하는 곳인데, 그렇게 되려면 창의적인 생각을 만들어 내고, 사회에 의미 있는 담론을 제시할 수 있어야 하고 지금까지 없던 새로운 기술을 창출해 내야 합니다.

컴퓨팅 용어를 빌리자면, 중앙 집중과 분산을 동시에 운영하는 지배구조가 바람직하다는 것이죠. 중앙 집중적인 클라우드 컴퓨팅과 분산적인 엣지 컴퓨팅이 애자일하다는 것은 바로 중앙 집중과 분산이 동시에 있을 때 기민하고 민첩하지 않을까 생각합니다.

▣ 지금, 인문학이 위기라고 보십니까?

'인문학의 위기'라고 하는 것은 어떤 의미로 쓰느냐에 따라 달라지는데, 2000년대에 이미 인문학의위기 논의는 다 끝난 것 같아요. 다만 인문학을 공부한 학생들이 사회에 진출하는 데 있어서의 위기다, 저는 그렇게 봐요.

지금은 인문학의 위기보다 더 큰 차원의 '학문의 위기' 시대입니다. 대학은 학문의 전당이라는 특성을 가지고 있습니다. 학문이라는 것이 사회에서 경제가치로 환원돼서 평가받는 시대이기 때문에 상대적으로 학문의 가치가 경제적 가치에서 떨어지는 것으로 인식된다는 측면에서 학문의 위기라고 봅니다. 학문의 위기는 국가의 위기로 연결될 수가 있습니다. 학문의 전당으로 대학이 제대로 자리를 잡아야 합니다. 사회는 실용이 중요합니다. 대학을 졸업하고 취업해서 학생들이 행복해야 하는 것은 사실입니다. 하지만 실용성에만 너무 집착해서 그것만 강조하는 것이 문제입니다.

■ 학문의 위기를 어떻게 해소할 수 있을까요?

사회 문화가 중요하다고 봅니다. 지금 이 시대는 경제적 가치와 물질적 가치가 중요한 시대로 다들 인식하고 있습니다. 이것이 사회 문화라고 생각해요.

신자유주의를 거치면서 경제적 가치가 가장 중요하고 어떤 연구를 할 때도 연구비가 있어야 연구를 하기 때문에 거기에 맞추고 그런 구조 속에 있다 보니까 거기에 그냥 들어가서 실용적 가치에 우선하게 되고, 대학을 졸업하는 학생들도 사회 진출에만 의미를 두고 대학평가를 할 때도 취업률을 가지고 하잖아요. 그런 식으로 하다 보니까 자기도 모르게 다 빠져버렸어요.

이럴 때일수록 원래 대학이 해야 할 일을 제대로 할 필요가 있어요. 교수를 포함해서 대학인들이 반성해야 하는 부분입니다. 지금 현재보다는 10년 후, 20년 후를 바라보는 용기를 가지고 시간을 투자해야 한다고 봐요. 과감하게 투자할 필요가 있어요. 지금 대학들은 가용 자원을 우선 필요한 것을 하기 위해서 쓰지 10년 후, 20년 후에 필요한 인적 자원을 양성하는 데 쓰려고 하지 않잖아요. 지금 당장 생존이 걸렸다고 긴박하게 생각하니까.

실용적인 지식이 중요하지 않다는 것이 아닙니다. 그러나 가장 우선적으로 해야 할 역할을 잊어버리지 않았나. 그런 측면에서 학문의 전당으로서 대학의 정체성을 찾아야 한다고 생각합니다. 대학의 기본에 충실하자는 이야기입니다.

▣ 대학의 인적 구성도 외국인 교수와 연구원, 학생 등 다문화적인 구성이 필요하다고 했습니다.

지금은 개방성을 갖지 않고는 살아갈 수 없는 지구촌 시대에 살고 있습니다. 이미 지구촌이 된 지가 오래됐는데 개방적인 생각을 하지 않고는 버텨낼 수가 없습니다. 서울대에도 외국인 학생들이 많이 있습니다. 그런데 외국인 교수 채용을 할 때, 한국에서 졸업한 외국인 학생들은 생각하지 않고 미국이나 다른 곳에서 공부한 학생들을 뽑는 경우가 많습니다. 이것은 우리가 한번 생각해 봐야 될 문제입니다. 우리가 키워놓았는데, 그 사람들을 우리의 패컬티 멤버로 수용하지 못한다는 것은 개방성이 있다고 할 수 있겠습니까.

▣ 대학과 사회에 스승이 없다는 목소리도 많습니다.

대학인들이 뼈아프게 반성해야 된다고 봅니다. 자기 존재의 의미를 제대로 규정한다면 다른 데서 말 못하는 어떤 것을 말할 수 있어야 합니다. 그래야 정년보장을 받은 의미가 있고 교수를 하는 의미가 있는데, 그런 것 없이 그냥 휩쓸려 가는 상황 속에서 나 혼자서 목소리를 낸다고 하여 뾰족한 결과가 나오겠느냐, 이런 식으로 생각하는 것이 뼈아픈 현실입니다. 그런 측면에서 사회에 어른이 부족하다는 것이겠죠. 이런 역할을 교수들이 할 수 있어야 합니다. 그런데 강사 선생님들이 보기에도 저 사람들이 나보다 새로운 지식을 갖고 있는 것도 아닌 것 같고, 그런데 큰 소리를 치는 것 같고. 생활인으로서만 만족하는 것 같은데 존경을 어떻게 합니까. 존경 못 받는 이유가 있는 거죠. 본연의 역할이라는 것은 직분에 맞게 행동을 하는 거거든요. 그래서 사회의 귀감이 되는 역할을 한다는 것이 요즘 시대에 안 맞는 말인지 모르겠지만, 대학 총장이나 지식인들이 나서야 한다고 봅니다. 어디에서도 그런 역할을 못하기 때문에 점점 더 상황이 악화되는 것이 아닌가 싶습니다. (「교수신문」 2021년 10월 18일)

“대학은 미래 교육을 위한 멀티 플랫폼으로 전환해야”

4차 산업혁명의 파고가 지나가지고 전에 전 세계를 덮친 코로나19 팬데믹, 사회 각 분야에서는 과거의 패러다임을 벗어나 뉴노멀을 찾는 작업이 속속 이뤄지고 있다. 「KNOU위클리」는 교육 분야에서 어떤 패러다임의 변화가 일어날 것인지를 “대전환의 시대, 교육의 길”이라는 제하에 각 분야 전문가들을 만나 이야기를 들어본다. 첫 번째 순서로 대학의 멀티 플랫폼으로의 전환을 주장하는 이재영 교수 영어영문학과에게 고등교육의 패러다임 대전환에 대해 물었다.

▣ 무엇으로부터 무엇으로의 전환인가요?

여러 층위에서 대전환이 일어나는 시기입니다. 일단 문명 차원에서 봤을 때는 아날로그 문명에서 디지털 문명으로 바꾸는 대전환이 있죠. 국가적 층위에서는 지금까지는 한국이 추격국가이었다면, 이제는 선도국가로 전환됐다는 것도 있습니다. 국가적인 대전환에서 하나 더 말한다면, 경제 순위가 세계 10위권이라고 하는데, 질적인 측면에서 선진성으로의 전환이 필요한 시기라고 볼 수 있다는 것이죠. 선진성이라고 하는 것이 개인 차원에서 국가 차원에 이르기까지 실현돼야 한다는 과제가 있다고 봅니다. 또 거시적으로 봤을 때 지구촌에서 지구계로 바뀌는 전환도 있죠. 지구촌은 인간 중심적인 관점의 단어인데요. 지구계는 생태계 중심으로 관점을 바꾼 것입니다. 이전에는 개발의 대상으로 봤던 자연이지만, 이제는 그 자연과 조화를 이루는 시대, 대전환이 일어나는 시대가 됐다는 것이죠. 코로나19로 모든 사람들이 굉장히 고통 받고 있는데, 지구계로의 전환을 생각하게 된 계기가 되지 않았나 싶어요. 마지막으로 관계적인 측면에서 개인과 사회가 분열되고 갈등을 겪으며 대결하던 국면에서 서로 소통하고 평화롭게 협력하는 국면으로 관계의 전환을 이루는 중층적인 대전환의 시대라고 봅니다.

▣ 코로나19 팬데믹으로 고등교육이 충격을 받았다면, 어떤 게 있을까요?

대학의 위상 변화가 가장 큰 충격이 아닐까 생각합니다. 그동안 대학은 제도권의 마지막 교육기관으로 인식된 고등교육의 중심이었습니다. 그런데 코로나19로 인해 이러한 중심이 해체되는 흐름이 감지됩니다. 가령 학교라는 '정해진 공간'에 모여서 '다함께' 교육을 받는 기존 형식의 해체 조짐이 대표적인 예인 듯합니다. 학교에 학생들을 모아두고 집합교육을 해야 한다는 고정관념이 깨진 것이죠. 온라인 기반 교육이 가능하고 대면 교육보다 효율적일 수 있음이 확인된 것도 주목할 부분입니다. 이는 대학이 평생고등학습 시대의 거점 플랫폼 역할을 수행할 수 있는 길을 보여주었다는 점에서도 의미가 큽니다. 한편 인격의 소거라고 할까요.

학생들이 온라인 화면 상에 분할된 면속의 한 점으로 인식된다는 점, 대학의 필요성에 대한 회의가 일었다는 점 등도 적잖은 충격인 듯합니다.

▣ 그렇다면 포스트 코로나 시대, 고등교육은 어떤 방향으로 전환해야 할까요? 구체적인 방안이 있다면요?

'학습의 근육'을 키우는 교육으로 전환해야 한다는 제안을 드리고 싶어요. 코로나19로 인해 교육의 위기가 왔다고 하는 지적도 있습니다. 교육의 위기라고 하면, 이는 교수자, 지식 전달자의 관점에서 본 것입니다. 심층을 들여다보면, 학습과 학습자의 위기입니다. 여러 극복 방법이 있겠지만, 학습자의 학습 근육을 키우는 차원에서 교육이 이뤄져야 한다는 생각이 들어요.

거시적인 측면에서 보면, 의무로서의 교육을 복지로서의 교육으로 바꾸는 국가적 차원의 패러다임 전환이겠죠. 20대 초 · 중반에 모든 교육이 끝나는 것이 아니라, 평생 동안 고등학습이 이뤄지는 평생고등학습 개념까지 가야 한다는 말입니다. 현재까지의 교육은 1810년 독일의 교육 개혁가이자 언어학자인 훔볼트가 설립한 베를린대학이 주창한 근대교육 이념이 유지되고 있는데요. 지금은 새로운 문명조건에 부합하는 신미래 교육이라는 지향점을 가져야 하지 않을까요? 근대교육의 분절된 학문 단위가 융합된다는 측면에서 신미래 교육을 논해야죠. 그런 방향으로 지향점이 바꿀 필요가 있습니다.

예를 들면 학부 역시 단순한 학사학위 과정이 아니라 5년제 '석사 학부제'로 바뀔 필요가 있습니다. 학부의 기본이 학사학위가 아니라 석사학위로 업그레이드 할 필요가 있다는 것입니다. 기초전공 1.5년, 융・복합 전공 1.5년을 한 후 나머지 2년은 자율설계 전공이나 전공심화로 설계하는 석사 학부 트랙을 도입할 수도 있겠죠. 중요한 것은 전공에 대한 튼실한 역량이 없이는 융・복합의 의미가 없다는 것입니다. 기초적인 전공을 익힌 다음에 융・복합 역량을 연마하고, 자율성이 보장된 상황에서 자율설계 전공이든 전공 심화든 2년을 더 공부하는 것이 새로운 문명조건에 맞는 역량을 키우는 것이라고 봅니다. 전공 역량과 융・복합 역량을 함께 지니고 세상에 나갈 수 있는 졸업생을 키워내는 것이 바로 새로운 대학체제 학부의 재구성입니다. 학부를 마치고 대학원에 가는 위계적이고 구조화된 교육을 넘어 학・석사 융합과정에서 학사 수준, 석사 수준의 교육이 동시다발적으로 이뤄지는 거죠.

이제는 단순한 지식 전수 기능으로 만족하는 시대가 아니에요. 5~6년 동안 학사 학위도 안 받고 진로를 유예하는 학생들이 충만하고 지적인 능력을 갖도록 학습의 근육을 키워줘야 합니다. 대학은 학문의 전당입니다. 지금까지는 문제 해결에만 집중하는 것을 학문이라고 했다면, 이제는 문제를 발굴해내는 역량을 키우는 곳으로 대학을 재편해야 합니다. 또한 대학이 이미 제도권 고등교육의 정점에서 벗어났다는 것을 깨닫고, '평생고등학습'의 플랫폼이 돼야 합니다. 국·공립대뿐만 아니라 모든 대학이 함께 고민하고 연대해서 지향할 부분이라고 생각해요.

▣ 4차 산업혁명 시대입니다. 교육에서 새로운 테크놀로지를 결합하는 시도도 있는데요. 즉, 미래 교육의 모습은 교육+뉴테크놀로지의 결합이 관건이라는 주장입니다. 어떻게 보십니까?

적극 동의하며 공감합니다. 4차 산업혁명, 지식 기반 사회 차원에서 교육이 새로운 기술과 융합해야 한다는 것은 이전부터 있었던 논의죠. 이것이 팬데믹을 통해 급격히 변했어요. 예전에 교수님들에게 새로운 기술, 매체를 이용한 교육을 하라고 했다면, 아마 어려웠을 겁니다. 코로나19라는 전대미문의 상황을 통해 제한된 시대가 오면서 안 하면 안 되는 상황이 된 것이죠. 단순히 집합·대면 교육을 하지 못하니 비대면 강의를 한다는 차원이 아니에요. 교육 방식이 대면에서 하이브리드로 바뀌었는데, 스마트 강의실로 예를 들어보겠습니다. 기존에 스마트 강의실이라고 하면 첨단 강의실 정도로 생각했어요. 그런데 이제는 그런 것들이 기본 강의실이 된다는 것입니다. 수업에 갑자기 뭔가 필요한 정보를 공유해야 하는 상황이 생기면, 첨단 기술을 토해 눈앞에서 구현하는 것이 일상화돼야 한다는 말입니다. 스마트강의실이 기본값이란 것이죠. 향후에는 아마도 강의가 소형화되고, 소형화된 강의에 수업 조교가 배정되는 대면/비대면의 하이브리드 교육이 이뤄질 것으로 예상합니다. 단순한 지식 전수 차원이 아니라 학생 역량을 키우는 맥락의 연장선상에 있는 거죠. 거기서 심도 깊은 논의들이 이뤄지고, 새로운 문제를 발굴하고, 어떻게 질문하는지를 배우는, 그런 변화한 학습, 교육의 대전환이 개별 학습자에게는 새로운 시대에 걸맞은 역량을 키우는 장으로 바뀔 거라는 것입니다.

▣ 코로나19는 우리 교육에서 해묵은 논제들을 끄집어냈습니다. 대전환의 시대에 새로운 교육은 무엇입니까? 핵심 키워드로 설명해주시죠.

기초지력, 즉 앎의 힘이 중요해졌고, 이것을 키우는 곳으로 대학이 자리 매김돼야 합니다. 운동할 때 기초체력이 있어야 하듯, 공부에도 기초지력이 필요합니다. 예를 들어 사람과 사람 사이의 관계를 탐구하는 인문교양교육도 있겠고요. 배려하고 조화를 중시하는 사회적 역량을 키우는 사회교양교육도 기초지력 연마에 속하겠죠. 또 디지털 문명을 이해하는 문해력을 함양하는 과학기술 교양교육도 포함될 것입니다. 저는 여기에 '용기교육'이라는 키워드를 추가하고 싶어요. 역사학자 토인비가 '역사는 도전과 응전의 연속'이라고 했죠. 4차 산업혁명과 디지털 문명이 선도하는 이 시기에 우리가 경험해보지 못한 새로운 것에 맞서는 용기가 필요한데, 이런 것을 키워주는 교육을 용기교육이라고 정의하고 싶습니다. 이런 것을 하려면 도전 정신, 창의성, 융·복합 능력이 있어야겠죠. 이 모든 것이 용기를 가진 이후에만 가능해요. 불안한 미래를 이겨내려는 정신을 용기라고 한다면, 대학에 그런 것을 심어주는 교육이 필요하고 그것이야말로 핵심교육이 아닐까요? 여기에 저는 '휴먼 그리드grid, 연결망'라는 개념을 중심에 놓아야 한다고 덧붙이고 싶어요. 인간이 결국 중심이 돼야 하고, 서로 연결망을 구축해야 한다는 개념인데요. 대학은 휴먼 그리드를 자신이 속한 지역 사회에서 확산하는, 이른바 휴먼 그리드 플랫폼으로 진화해야 하는 것이고요.

▣ 고등교육, 특히 대학 구조개혁 논의에서 서울대를 빼고 이야기하긴 어렵죠. 이런 상황에서 서울대는 미래에 어떤 역할을 해야 할까요? 그러기 위해 어떤 방향으로 전환해야 할까요?

음악에 빗대어 말하면, 그동안의 독주獨奏에서 협주協奏의 시대를 이끄는 방향으로 전환해야 한다고 봅니다. 그동안 서울대는 학문, 교육, 연구, 사회봉사 등의 영역에서 독주를 했어요. 하지만 앞으로는 다른 대학들과 협력하고 연대하며 배려해 협주를 이끄는 역할을 수행해야 한다고 봅니다. 또한 기존의 교육체제를 벗어난 새로운 교육제도를 만들고 시험하는 모험적인 대학으로 변해야겠죠. 연구를 위한 연구가 아닌, 더 나은 교육을 위한 연구가 되려면 선도적이고 모험적인 연구를 해야 합니다. 탁월한 연구와 양질의 교육이 선순환을 이루려면 서울대 혼자서 할 것이 아니라 다른 대학과 협력하는 것이 필요해요. 하드웨어 중심의 근대교육 체제로는 어렵죠. 신미래교육 패러다임 안에서는 새로운 테크놀로지가 들어가는데요. 저는 이것의 한 예로 '디지털 트윈 캠퍼스'를 듭니다. 새로운 가상 대학의 공간이죠. 서울대가 이뤄낸 양질의 연구와 우수한 교육이 소멸 위기를 겪고 있는 지역대와 이를 넘어 아시아, 유럽의 대학과 연계되는 학술생태계를 만들어가는 것이죠. 서울대는 지금까지처럼 우수한 학생이 와서 공부하고 사회에 나가 명성을 얻는, 그러한 일국 차원에서의 명문대학이라는 차원을 넘어서서, 국내적으로는 지역사회와 연결되고 세계 차원에서는 모든 대학들과 연결되는 플랫폼 대학으로 기능해야 합니다. 향후 서울대는 국내외의 대학들과 디지털 트윈 캠퍼스로 연결돼 새롭고 창의적인 지식과 기술의 생산, 유통, 확산 그리고 소비의 중추가 되어야 합니다. 이런 의미에서 서울대가 '스마트 휴먼 그리드 플랫폼'이 되는 것이 매우 중요하다고 봅니다. 이렇게 된다면, 자연스럽게 서울대를 가지고 있는 대한민국이 세계를 선도하는 플랫폼 국가로 도약할 수 있을 것입니다. (「KNOU위클리」 2021년 12월 29일)

"소수가 옳은 길을 가는 것은 역사 속에서는 다반사"

푸른 뱀의 해 을사년을 맞이해 의성 출신인 서울대학교 이재영 교수를 만나 그의 이야기를 들었다. 지역의 청소년과 젊은 학생들에게 작은 도움이 되었으면 한다.

이재영 교수는 서울대학교 인문대학 영어영문학과의 교수로 재직 중이며, 영어음운론과 영어음성학을 전공했습니다. 그는 1987년 서울대학교 영어영문학과를 졸업하고, 동 대학원에서 석사 학위를, 미국 일리노이 주립대학교에서 박사 학위를 취득한 후 잠시 전남대학교 영어영문학과 교수로 있다가 1999년 9월부터 서울대학교에서 교수로 재직 중이다. 서울대학교 인문대학장과 기초교육원장, 교무부처장, 대학신문 부주간 등의 보직을 수행했다.

▣ 학자 입장에서 보는 고향 의성은?

의성은 인간이 지향하는 핵심적 가치 중 가장 하나인 올바름義을 항상 상기시킵니다. 고향을 생각하면 부지불식간에 의롭게 살아야 한다는 결심이 섭니다. 남명 조식 선생이 자신을 경책하는 글귀로 호신용 단도에 내명자경內明者敬 외단자의外斷者義를 새겼다는 것도 저에게는 너무나 자연스럽게 다가왔습니다. 제가 학자로서 간직하는 기본적 자세이자 시선과 일치하는 것이고, 이것은 고향 의성에서 연유합니다. 그래서 저는 제 고향을 물으면 항상 주저 없이 의성이라고 말합니다. 그러면서 제 고향에 대해 묻는 사람도 의를 핵심적 가치로 받아들이기를 은근히 바랍니다. 제가 학자로 살아온 추동력은 바로 올바른 사회와 국가를 만드는 데 제가 일조할 수 있고 그렇게 하겠다는 다짐이라고 감히 말씀드립니다.

■ 학자의 길에서 고향이 어떠한 영향을 미쳤는지?

저는 군대를 마치고 나서 경제적 여유가 없음에도 불구하고, 1991년도에 미국 일리노이주립대학교로 유학을 갔습니다. 여러 어려움이 있었지만, 그 어려움을 고향에서 먹던 조밥과 보리밥을 생각하면서 그나마 의연하게 잘 버텼습니다. 제 고향은 의성군 안사면 월소리인데, 그곳에서 대구로 한 번 나가려면 3시간 30분 정도가 걸린 적도 있습니다. 좁은 신작로에서 우리 버스와 반대편 짐차가 만나기라도 하면 그 시간은 훨씬 더 걸렸지요. 지금은 서울에서 부산까지 가고도 넉넉히 남는 시간입니다. 이런 경험은 도로 포장이 잘 되어있던 미국에서 웬만한 거리의 운전을 우습게 여기게 했습니다. 털털거리는 버스 승차의 경험은 16년이 넘은 300불짜리 고물차 타는 것을 리무진 타는 기분을 갖게도 했습니다. 부유한 동료 유학생들이 고급스런 일본 신차를 타고 다녀도 주눅이 전혀 들지 않은 것은 너무나 당연하고요. 박사학위를 취득하기 위해서 왔지 좋은 차 운전하러 오지 않았다는 생각이 있었지요. 이처럼 제 고향 의성은 저를 의연하게 만들어주는 근원입니다.

■ 현재 학문의 소개 및 개인적인 관심 분야?

저는 영어학을 전공하였습니다. 시골 출신들이 문과 쪽에서는 법학이나 경제학 등 주로 사회과학 분야를 전공하던 시절에 저는 서울대학교 영어영문학과에 진학했습니다. 영어라면 다들 겁내 하던 것이 일반적이던 시절이었습니다. 그 당시 저는 영어가 세계 공통어로서 향후 삶에 큰 영향을 미칠 것이라고 생각했습니다. 지금 생각하면 너무 단순한 생각인 것 같긴 한데, 그때는 꽤나 진지하게 그렇게 생각했습니다. 영어를 공부했기 때문에 어려운 환경에서도 미국으로 유학을 가는 것도 꿈꿀 수 있었던 것 같습니다. 넓은 미국에서 젊은 시절 5년을 보낸 것은 저에게 굉장한 자신감을 주었습니다. 저는 중학교와 고등학교를 대구에서 다녔고 대학을 서울에서 다녔는데, 그 학창시절에는 도심지에 나가면 길을 잃을까 걱정이 돼 학교 부근에서만 살았습니다. 그런데, 미국 유학을 다녀온 이후에는 어딜가도 겁이 나지 않고 세계 어느 나라를 가도 겁이 나지 않았습니다.

영어학을 전공해서 보람된 것은 2000년대 중반부터 대표저자로서 중학교와 고등학교 영어 교과서를 썼는데, 그 교과서로 영어를 배운 학생들이 서울대학교에 입학해서 자신이 저의 교과서로 공부했다는 말을 해 줄 때입니다. 선생으로서도 뿌듯하고 자연인으로서도 자긍심이 생깁니다. 저는 영어학 중에서도 세부적으로는 영어 방언에 관심이 많습니다. 영어라고 하면 하나의 표준 발음과 문법이 있다고 생각하지만 전혀 그렇지 않습니다. 이렇게 영어 방언에 관심을 갖게 된 것은 제가 시골 출신이라서 그런 것이 아닌가 싶습니다. 지금도 저는 서울 말투를 제대로 구사하지 못합니다. 그래도 자신 있게 언어생활과 사회생활을 하는 편입니다. 영어의 경우도 마찬가지 인데, 우리나라 사람들은 영어 발음이 나쁘거나 문법적 실수가 있으면 일단 자신은 영어를 못하노라고 주눅든 행동을 합니다. 저는 이것은 다양한 방언이 존재하는 영어의 본 모습을 모르기 때문에 생기는 일이라 생각합니다. 그래서 저는 영어 방언 연구에 몰두했습니다. 제가 『영문도 모르고 영어를 해?』라는 책을 쓴 이유도, 영어에는 옳고 그른 것이 없으니 영어를 자신 있게 사용하자고 주장하고 싶었기 때문입니다.

여기에서 나아가 저는 우리나라의 지역균형 문제도 영어의 문제와 비슷하게 바라보면서 해결해야 한다고 생각합니다. 어느 한 지역이 다른 지역보다 더 우월한 것이 아니라 다양한 지역이 모여 우리나라를 형성한다는 것이 바로 그 기본적 시각입니다. 영어는 다양한 방언이 모여서 하나의 언어가 되었다는 시각이 비슷한 것입니다.

■ 학문적 커리어를 쌓고 싶은 젊은 의성인 후배들에게 어떤 조언을?

요즘 지역에서 자라나고 교육받는 젊은이들이 점점 줄

어들고 있습니다. 지역소멸의 가장 큰 징후가 젊은이들이 지역에 없다는 것이지요. 제가 알기로 우리 의성의 인구가 크게 줄어들고 있습니다. 젊은 사람들이 없는 것이지요. 이런 상황에서 의성에 있는 후배들은 정말 의성의 보배들입니다. 다만, 우리 후배들은 앞으로 시대를 내다보면서 준비를 할 필요가 있습니다. 인공지능의 시대에는 서울과 지역의 차이가 거의 없어질 것이라 저는 생각합니다. 그러니 소외감을 갖지 말고 자신 있게 미래를 대비할 필요가 있습니다. 학문적으로 관심 있는 후배들은 자신이 좋아하는 분야를 공부하라고 권하고 싶습니다. 좋아하는 것이 있을 때 창의성이 생기고 창의력이 있으면 성공하는 것이 인공지능 시대의 삶이기 때문입니다.

▣ 앞으로의 삶의 목표는?

저는 대학에 있으면서 후학을 양성해 왔습니다. 제 제자들 중에 교수로 진출한 수도 꽤 됩니다. 사회 여러 분야에 많이 진출해 있습니다. 연구도 어느 정도는 했습니다. 전임강사, 조교수, 부교수, 정교수로 되어 있는 교수 위계에서 각 단계 마다 승진할 때 연구역량이 가장 중요한 평가지표가 되는데, 저는 한 번도 승진을 미루거나 지체한 적이 없는 정도의 연구 활동을 했습니다. 그래서 이제 저는 대학행정 분야로 매진하고자 합니다. 감사하게도 운이 좋아 서울대학교의 여러 보직을 수행했습니다. 그렇지만 아직 정년이 좀 남아있기 때문에 우리나라 고등교육의 생태계를 제대로 복원시키고 강화시킬 수 있는 역할을 하고자 여러 가지를 모색하고 있습니다. 이러한 저의 목표를 이루고 정년퇴임을 해 은퇴한 후에 제 고향에서 후학에게 도움이 되는 일들을 해 보고자 마음먹고 있습니다. 그 구체적인 그림은 제가 나중에 더 자세히 말씀을 드릴 기회가 있으리라 생각합니다.

▣ 출향인 학자들 간의 협력이나 네트워크가 앞으로 어떻게 발전할 수 있을까? 이에 따른 이 박사님의 역할?

제가 1983년에 서울대학교를 입학한 후부터 지금까지 의성 출신 서울대 학생모임에 참여했고 그 모임이 지금도 유지되고 있습니다. 이 모임에는 우리 국가사회에서 크게 활약한 분들이 많이 있고 교수들도 많이 있습니다. 앞으로 이 모임을 좀 더 크게 확대해서 고향에 도움이 되는 일을 모색해보겠습니다. 재경의성향우회와도 연계활동을 하는 데 일조를 하겠습니다.

▣ 고향 의성인들에게 인사 말씀?

한 때는 우리나라에서 제일 큰 군이었던 우리 의성이 지금은 인구소멸로 인해 가장 먼저 없어지는 군이 될 수 있다는 위기에 내몰려 있다고 듣고 있습니다. 굉장히 애석하고 안타까운 일이 아닐 수 없습니다. 이러한 것을 군수님 이하

모든 공무원들이 극복하기 위해 엄청나게 애를 쓰는 것으로 알고 있습니다. 또한 군민들 모두가 나름대로 위기 극복을 위해 혼신의 노력을 다하고 있습니다. 이러한 노력은 반드시 좋은 결실을 맺을 것이라 확신합니다. 저도 미력하나마 주위의 출향인들과 힘을 합쳐 고향의 재건과 발전을 위해 응분의 역할을 다하겠습니다. 올바른 길은 다수결이 지배하는 것이 아니라고 생각합니다. 소수가 옳은 길을 가는 것은 역사 속에서는 다반사입니다. 사람 수가 적어진다고 위축될 일만은 아닌 것 같습니다. 우리 모두 힘을 내어 올바름을 지향하는 의성을 곧추 세울 수 있다는 자신감을 회복할 수 있길 희망합니다. 새해에도 건강하시고 뜻하시는 모든 일을 원만히 성취하시길 기원하겠습니다. 감사합니다. (「의성신문」 2025년 1월 10일)

[참고문헌]

[칼럼] '서울대 10조 만들기'를 제안한다 (≪뉴스1≫ 2026. 1. 5.)

[칼럼] 실패를 권장하는 사회를 만들자 (≪뉴스1≫ 2025. 12. 10.)

[칼럼] 올해 노벨상 아쉬워하기 전에 (≪한겨레신문≫ 2025. 12. 3.)

[칼럼] 인재가 떠나는 나라, 인재가 들어오는 나라 (≪뉴스 1≫ 2025. 11. 12.)

[칼럼] 조선시대보다 못한 국가정보 관리 (≪중앙일보≫ 2025. 10. 28.)

[칼럼] 인문학자의 AI 대학원 도전기, 경계를 넘어 배우다 (≪교수신문≫ 2025. 10. 22.)

[칼럼] 관악 이전 50년 서울대, 글로벌 중추대학으로 재탄생해야 (≪조선일보≫ 2025. 10. 13.)

[칼럼] '미국 한국인 구금' 사태를 보는 교육자의 시각 (≪뉴스1≫ 2025. 10. 1.)

[칼럼] '케데헌 신드롬'에서 얻는 교훈 (≪뉴스1≫ 2025. 9. 10)

[칼럼] 서울대와 '지역 서울대'의 궁극적 성공 모습 (≪뉴스1≫ 2025. 8. 14.)

[칼럼] '서울대 10개 만들기', 발상의 전환이 필요하다 (≪뉴스1≫ 2025. 8. 6.)

[칼럼] '서울대 10개 만들기'가 성공하려면 (≪뉴스1≫ 2025. 7. 9.)

[칼럼] 서울대 사용법 (≪뉴스1≫ 2025. 6. 11.)

[칼럼] 정치적 압력 버텨내는 미국 대학의 비결 (≪중앙일보≫ 2025. 5. 27.)

[칼럼] 인문학자는 AI 세상을 꿈꾸면 안 될까? (≪뉴스1≫ 2025. 4. 21.)

[칼럼] 무전공 대입과 자유전공학부 실험 (≪한국일보≫ 2024. 3. 25.)

[칼럼] 여성 인재를 이공계로 유도할 과학기술 생태계를 만들자 (≪뉴

스1≫ 2025. 3. 20.)

[칼럼] 이공계 '휴먼 리소스 고속도로'를 깔자 (≪뉴스1≫ 2025. 3. 7.)

[칼럼] '노벨상 후진국' 언제까지 방치할 건가 (≪중앙일보≫ 2023. 10. 10.)

[칼럼] '바이오 대전환'에 앞장서야 할 이유 (≪중앙일보≫ 2022. 8. 17.)

[칼럼] 법인화 10년 서울대 '제2 건학' 각오로 개혁해야 (≪중앙일보≫ 2021. 12. 22.)

[기고] '관계들의 총합'으로서의 나 그리고 대학의 책무 (≪인문360°≫ 2021. 10월호)

[기획 기사] 문명사적 대전환기, '문명의 저울'로서의 대학을 사유하자 (≪교수신문≫ 2021. 6. 8.)

[기획 기사] 대학도 ESG와 애자일(Agile), 에지(Edge) 조직이 되어야 한다 (≪경향신문≫ 2021. 5. 19)

[칼럼] 지방에 서울대급 국가중추대학 2~3곳 육성하자 (≪중앙일보≫ 2021. 4. 28.)

[칼럼] 인구절벽시대, 현대판 '빈공과'를 상상하자 (≪한겨레신문≫ 2021. 4. 28.)

[칼럼] 재난시대, '휴먼그리드 플랫폼'으로서의 대학을 사유하다 (≪한겨레신문≫ 2021. 3. 3.)

[칼럼] 바보야, 문제는 전기야! (≪뉴스1≫ 2026. 1. 28.)